Misticismo

Descubriendo el camino hacia el misticismo y abrazando el misterio y la intuición a través de la meditación

© Copyright 2021

Todos los derechos reservados. Ninguna parte de este libro puede ser reproducida de ninguna forma sin el permiso escrito del autor. Los revisores pueden citar breves pasajes en las reseñas.

Descargo de responsabilidad: Ninguna parte de esta publicación puede ser reproducida o transmitida de ninguna forma o por ningún medio, mecánico o electrónico, incluyendo fotocopias o grabaciones, o por ningún sistema de almacenamiento y recuperación de información, o transmitida por correo electrónico sin permiso escrito del editor.

Si bien se ha hecho todo lo posible por verificar la información proporcionada en esta publicación, ni el autor ni el editor asumen responsabilidad alguna por los errores, omisiones o interpretaciones contrarias al tema aquí tratado.

Este libro es solo para fines de entretenimiento. Las opiniones expresadas son únicamente las del autor y no deben tomarse como instrucciones u órdenes de expertos. El lector es responsable de sus propias acciones.

La adhesión a todas las leyes y regulaciones aplicables, incluyendo las leyes internacionales, federales, estatales y locales que rigen la concesión de licencias profesionales, las prácticas comerciales, la publicidad y todos los demás aspectos de la realización de negocios en los EE. UU., Canadá, Reino Unido o cualquier otra jurisdicción es responsabilidad exclusiva del comprador o del lector.

Ni el autor ni el editor asumen responsabilidad alguna en nombre del comprador o lector de estos materiales. Cualquier desaire percibido de cualquier individuo u organización es puramente involuntario.

Índice

INTRODUCCIÓN 1
CAPÍTULO 1: MISTICISMO - UNA BREVE HISTORIA 3
    ¿QUÉ ES EL MISTICISMO?.. 3
    HISTORIA DEL MISTICISMO... 4
CAPÍTULO 2: EL AURA, LOS CHAKRAS Y LOS CUERPOS ENERGÉTICOS 13
    ¿QUÉ ES EL AURA?.. 13
    POR QUÉ DEBERÍA APRENDER A LEER EL AURA 15
    AURA Y CHAKRAS.. 16
    ¿CÓMO VER UN AURA?... 17
    QUÉ SIGNIFICA CADA COLOR... 18
    EL SISTEMA DE CHAKRAS 20
CAPÍTULO 3: TRABAJO ENERGÉTICO PRÁCTICO 23
    ¿CÓMO PERCIBIR LA ENERGÍA? 23
    ¿CÓMO CREAR UNA BOLA ENERGÉTICA?... 24
    ¿CÓMO PERCIBIR LOS CHAKRAS? 26
    ¿CÓMO DETECTAR LOS CHAKRAS CON UN PÉNDULO? 27
    ABRIR LOS CHAKRAS.. 28
CAPÍTULO 4: LA PRÁCTICA DE LA MEDITACIÓN 33

BREVE HISTORIA DE LA MEDITACIÓN 33
APRENDER TODO SOBRE LA RESPIRACIÓN 36

CAPÍTULO 5: LA RESPIRACIÓN MÍSTICA 45
UNA MEJOR COMPRENSIÓN DE LA RESPIRACIÓN 46
DIFERENTES TIPOS DE RESPIRACIÓN 46
SU CAMINO HACIA EL CRECIMIENTO ESPIRITUAL 48
PRACTICANDO EL TRABAJO DE RESPIRACIÓN 49

CAPÍTULO 6: INDUCIR ESTADOS MÍSTICOS MÁS PROFUNDOS 56
CINCO NIVELES DE TRANCE 59
DIFERENTES FORMAS DE ALTERAR SU CONCIENCIA 60

CAPÍTULO 7: DESARROLLAR LAS HABILIDADES PSÍQUICAS - ABRIR EL TERCER OJO 69
LA GLÁNDULA PINEAL 71
DESPERTAR EL AJNA 72
HABILIDADES PSÍQUICAS 72
ABRIR EL TERCER OJO 75
SUS PIEDRAS AJNA 77

CAPÍTULO 8: LA MANIFESTACIÓN MÍSTICA - LA (VERDADERA) LEY DE LA ATRACCIÓN 79
LA HISTORIA DE LA LEY DE LA ATRACCIÓN 80
LAS HERRAMIENTAS DE LA LEY DE LA ATRACCIÓN 82

CAPÍTULO 9: PROYECCIÓN ASTRAL O EFC 88
LA PROYECCIÓN ASTRAL EN LAS DIFERENTES CULTURAS 89
¿QUÉ ES EL MUNDO ASTRAL? 90
SEÑALES DE QUE ESTÁ A PUNTO DE REALIZAR UNA PROYECCIÓN ASTRAL 93
CÓMO PREPARARSE PARA LA PROYECCIÓN ASTRAL 94
CÓMO PROYECTARSE ASTRALMENTE 95

CAPÍTULO 10: HÁBITOS DEL MÍSTICO MODERNO 98
HÁBITOS DE UN MÍSTICO MODERNO 99
CÓMO CONSTRUIR UNA BASE SÓLIDA 101
LA VÍA MÍSTICA 102
CÓMO SUMERGIRSE EN LAS AGUAS MÍSTICAS 103

CONCLUSIÓN 105
VEA MÁS LIBROS ESCRITOS POR MARI SILVA 107
REFERENCIAS 108

Introducción

El misticismo se refiere a la conciencia de lo que constituye la realidad. Pero, ¿qué es la realidad? La mente ordinaria piensa en la realidad en términos de lo físico, pero el verdadero místico ha recogido la experiencia que hace que esto destaque realmente: Hay más en la vida de lo que se ve a simple vista.

A menudo, cuando oye la palabra misticismo, puede pensar que es el terreno de los que se han iniciado en algún culto extravagante. Podría suponer que se trata de un concepto o una forma de vida inaccesible para usted, pero no es así en absoluto, y eso es lo que este libro pretende mostrarle.

No hay una forma correcta o incorrecta de ser místico. No se trata de un enfoque de manual en el que todo el mundo debe creer en lo mismo, o de lo contrario el hombre del cielo le castigará por desviarse de la línea. Hay tantos caminos hacia lo divino como personas. La pregunta es: ¿Está usted preparado para seguir su camino?

El hecho de que este leyendo esto ahora mismo ya le separa de la mayoría de personas que están dispuestas a conformarse con la lucha de la realidad física. Personas que no son conscientes de lo mucho que podrían enriquecer sus vidas si solo reconocieran lo místico.

En este libro, aprenderá sobre los orígenes del misticismo, lo que significa para varias culturas y prácticas, y en el proceso, descubrirá lo que significa para usted también. Si todo va según lo previsto, cuando termine de leerlo estará plenamente convencido de la necesidad de empezar a practicar. Si ya tiene un plan, descubrirá que las siguientes páginas avivarán las llamas dentro de su corazón, haciéndole profundizar en su práctica hasta convertirla en una forma de vida para usted. Con este libro, tiene todo lo que necesita para experimentar por sí mismo lo que es tener una vida extraordinaria. Aprenderá formas de ayudar a las personas que más lo necesitan, utilizando métodos eficaces que ni siquiera la ciencia ha llegado a comprender.

El mundo es asombroso, lleno de magia y maravillas. El hecho de que siga leyendo significa que, en algún nivel, siempre lo ha sabido. Ahora está listo para recordar todo lo que su alma sabía sobre la realidad antes de venir a este plano físico como persona. Permítase explorar las ideas de estas páginas. Practique, y muy pronto, fluirá con lo místico como si siempre lo hubiera hecho desde el amanecer de los tiempos. Y, en verdad, así es. Solo hay una pregunta que hacer antes de empezar: ¿Está usted preparado?

Pues bien, ha llegado el momento de conocer la verdad sobre sí mismo. Mantenga ese tercer ojo bien abierto para este viaje. No querrá perderse nada...

Capítulo 1: Misticismo - Una breve historia

¿Qué es el misticismo?

El misticismo consiste en fusionarse con lo "divino" para convertirse en uno. También es cualquier medio a través del cual obtiene conocimiento de los asuntos espirituales. Significa entregarse y contemplar lo divino. Se trata de un estado de conciencia que no es fácilmente accesible para la mayoría o fuera de la norma. No hay que confundirlo con estar drogado a base de sustancias psicodélicas, aunque algunas prácticas místicas las utilizan para facilitar la entrada en este estado. Se trata de conseguir una sabiduría profunda, a menudo oculta, que le permita transformar su vida en una ideal a través de las experiencias espirituales y los rituales que realiza.

La etimología de "misticismo" tiene antiguas raíces griegas, concretamente del término *muo*, que significa "ocultar" o "cerrar". Mystikos es un derivado del término que se traduce como "un iniciado". La forma verbal de la palabra tiene varios significados, desde "iniciar", "inducir", e "introducir" hasta "formar", "hacer que uno conozca una cosa", "familiarizar", y "dotar a uno de su primera experiencia de una cosa".

Este término aparece en el Nuevo Testamento y, según la Concordancia Strong, significa cerrar la boca y los ojos para experimentar el verdadero misterio. En sentido figurado, se trata de convertirse en un iniciado de la "revelación del misterio".

Originalmente, era un término que se refería a las múltiples dimensiones del cristianismo en sus inicios y en la época medieval. Con el tiempo, se convirtió en un término más inclusivo que denotaba todas las diversas ideas y creencias en torno a todas las experiencias y percepciones sobrenaturales o fuera de lo común.

El misticismo no está solo ligado a una religión; es algo que se puede encontrar en casi todas las religiones, ya sean los cultos indios, las religiones de Abraham u otras religiones propias de ciertas tribus o pueblos. Esto es lo que hace que su propia definición sea un problema. Es un término amplio y genérico, pero al final de este libro tendrá una idea firme de lo que es. Basta con saber que se trata de la unidad con el "absoluto" y de las experiencias místicas, por ahora.

Historia del misticismo

Ahora repasaremos el misticismo, desde la antigüedad hasta sus primeras formas cristianas y judías, pasando por la época medieval y luego por los movimientos esotéricos del siglo XX.

Filosofías esotéricas antiguas

Budismo: Los seguidores del budismo se llaman budistas. Esta filosofía tiene sus raíces en las enseñanzas y prácticas de Buda y se originó en la India en algún momento entre los siglos VI y IV antes de Cristo. Era una tradición śhramana y se abrió paso por casi toda Asia. El budismo se compone de dos escuelas de pensamiento: La Mahāyāna, que en sánscrito significa "gran vehículo", y Theravāda, que en pali significa "doctrina de los ancianos". El objetivo del budismo es desprenderse de los apegos materiales y las conexiones con el ego para superar todo el sufrimiento causado por esas ataduras.

Se trata de alcanzar el Nirvana, la liberación del ciclo de nacimiento y muerte, o reencarnaciones conocidas como samsara.

Hinduismo: Es una forma de vida hindú y tiene el tercer mayor número de seguidores, precediendo al budismo. Los seguidores se conocen como hinduistas. También se llama 'sanatana dharma, que en sánscrito significa "religión eterna". Se cree que esta religión tiene sus raíces en un tiempo más allá del tiempo. Esta religión tiene su cuota de rituales y prácticas como el yoga, las peregrinaciones, los rituales y otros deberes eternos, como ser honesto, abstenerse de la violencia, etc. Sus textos se dividen en los escuchados o Sruti y los recordados o Smrti. Sus textos sagrados son el Ramayana, los Agamas, los Vedas, los Puranas y los Upanishads.

Tantra: En sánscrito significa "tejido, telar o urdimbre". Está relacionado con el budismo y el hinduismo. Según las tradiciones hindúes, esta religión también se refiere a todas las técnicas, prácticas, sistemas, teorías, textos y métodos aplicables. Se hace hincapié en la importancia de los mantras. Durante la era común, especialmente en los primeros siglos, existían tantras con sus fundamentos en Shakti, Vishnu y Shiva. Algunos legados se encuentran en el hinduismo actual, como Shaiva Siddhanta, la secta Shakta de Sri-Vidya, el Kaula y el Shivaísmo de Cachemira. Dentro del tantra budista, existen las prácticas Vajrayana.

Chamanismo: Esta práctica requiere un chamán que es el intermediario entre el mundo espiritual y el material. El chamán se conecta con el otro mundo alterando su estado de conciencia, utilizando la meditación, los cantos, los brebajes especiales, la música y la danza, entre otros métodos. El trabajo del chamán consiste en hacer que las energías o los seres del mundo espiritual alcancen un objetivo específico en el mundo físico, ya sea para la curación, la protección, la revelación o cualquier otra cosa. La mayoría de los chamanes son llamados a sus funciones a través de señales y sueños. Algunos chamanes heredan sus poderes, mientras que otros son entrenados para el trabajo pasando por ritos de iniciación.

Sijismo: El seguidor de este camino se llama sij, que significa "buscador", "discípulo" o "aprendiz". En esta religión, solo hay un Dios. Surgió alrededor del siglo XV de nuestra era, en la región del Punjab, en la India. Esta sigue al budismo en número de seguidores, siendo la quinta religión más grande del planeta. Se basa en las enseñanzas y filosofías de Gurú Nanak y en las ideas de otros nueve gurús. Según Nanak, uno debe dedicarse a permanecer puro, tener autocontrol y ser veraz en todas las cosas. Se trataba de crear una unidad con Dios, lo que significa saber cuál es la voluntad de Dios y asegurarse de cumplirla pase lo que pase. El sijismo consiste en recordar la palabra de Dios y meditar en ella, lo que se llama Simran. La música es una de las formas en que los seguidores pueden sentir la presencia de lo divino. También se trata de transformar las inclinaciones de la rabia, la lujuria, el apego, la codicia y el ego (llamadas los cinco ladrones), que impiden a cualquiera la iluminación espiritual. A pesar de pasar por periodos de intensa persecución, el sijismo consiguió mantener su evolución y desarrollo, y muchos hindúes y musulmanes se pasaron a ser sijs. Esta misma persecución llevó a los sijs a adoptar la orden de Khalsa, que consiste en permitir a los demás seguir la religión que quieran y quedarse con lo que su conciencia considere correcto.

Taoísmo: También se llama daoísmo y es de origen chino. Tao, o dao, significa "el camino". No es lo mismo que el confucianismo porque no hay necesidad de rituales estrictos y los seguidores no necesitan ajustarse a ningún orden social. Los principios de esta religión consisten en entrar en unión con el universo y sus estaciones y ritmos espontáneos y no planificados. Enfatiza la acción sin intención, también conocida como Wu Wei, que consiste en ser espontáneo y fluir con el aquí y el ahora. El taoísmo tiene sus raíces en la Escuela del Ying Yang y en las enseñanzas del I Ching, y anima a sus seguidores a fluir con la naturaleza. Comenzó en el siglo IV antes de Cristo. Durante cientos de años, el taoísmo ha dominado la cultura china. Se ha tendido a asumir que esta religión es lo mismo que otras religiones rituales chinas (llamadas taoísmo rojo o taoísmo popular), pero no es lo mismo. Varios estilos de qigong, como el feng shui, el budismo zen o chan, y otros, tienen elementos taoístas. En la China actual, el taoísmo es una de las religiones oficiales que se imponen.

Zoroastrismo: También se llama mazdeísmo y tiene múltiples aspectos. Sus practicantes creen que el bien y el mal existen y que el destino final del "hombre" es superar el mal. Estas enseñanzas provienen de Zoroastro o Zaratustra. El dios es conocido como Ahura Mazda, que significa "señor sabio". Los zoroastrianos creen que hay un mesías, que después de la muerte hay un juicio, que el infierno y el cielo son reales y que los humanos tienen libre albedrío. Su origen se remonta al segundo milenio antes de Cristo.

Misticismo cristiano: En los primeros tiempos del cristianismo, había tres dimensiones importantes:

- La dimensión bíblica, que tenía que ver con la alegoría y sus mensajes secretos en la Biblia;

- La dimensión litúrgica, que abarcaba el misterio de la eucaristía y la presencia de Cristo en ella; y,

- La dimensión contemplativa (también llamada dimensión espiritual), que trataba de utilizar la contemplación y la experiencia divina para conocer y comprender a Dios.

Fueron los primeros padres de la Iglesia los que relacionaron la experiencia de la "divinidad" con la mística. De la mano de Pseudo Dionisio Areopagita, que propagó la teología negativa o apofática, el misticismo pasó a consistir en examinar la Biblia para encontrar el verdadero significado de las alegorías que contiene y conocer más de Dios que solo sus nombres. Así, la Biblia se consideraba un libro con significado literal, además de espiritual.

Misticismo judío

Hay dos tipos:

- *Merkabá*
- *Cábala*

La Merkabá vino primero y se trataba de las visiones del profeta Ezequiel. La palabra Merkabá proviene de la palabra hebrea que significa "carro", lo que tiene sentido, ya que las visiones de Ezequiel incluían un carro en llamas con seres del cielo.

La Cábala trata de explicar la conexión entre el Infinito, que no tiene fin, llamado Ain Sof, y lo que tiene fin, o las creaciones de Ain Sof. Esta es la piedra angular del pensamiento místico en el judaísmo. Los practicantes suelen remitirse a las enseñanzas esotéricas de la Cábala para definir el significado que extraen de los textos rabínicos y de la Biblia hebrea, así como de las prácticas judías obligatorias.

Misticismo de la Edad Media

Los caballeros templarios: También se les llama la Orden del Templo de Salomón, la misma en la que tuvieron sus inicios en 1119. Era una orden militar de la iglesia católica, con sede en el Monte del Templo de Jerusalén. Su función principal era mantener a los peregrinos cristianos a salvo. Habían pasado nueve años trabajando en la excavación del Templo de Salomón. Según el canon, se trata de un gnosticismo esotérico, pero más conservador y en línea con el misticismo cristiano. Los caballeros templarios veneran la divina femenina, y sus prácticas incluyen cantos, trabajo energético, meditación, alquimia de chakras, etc.

Los cátaros: Catarismo es una palabra con raíces en el griego katharoi, que significa "los puros". Los cátaros tenían creencias gnósticas y fueron muy populares entre los siglos XII y XIV en el sur de Europa. También fueron llamados "buenos cristianos" y perseguidos por la Iglesia católica durante mucho tiempo. Según los cátaros, hay un Dios bueno y otro malo. Esta es exactamente la enseñanza contra la que la iglesia católica se opone firmemente. No ayuda el hecho de que los cátaros crean que el Dios del Nuevo Testamento es el bueno, mientras que el Dios del Antiguo Testamento, famoso por azotar todo, es el malo, el hacedor del reino físico, y el propio Satanás. También creían que los espíritus de las personas no tienen sexo y son ángeles atrapados en el mundo del Dios malévolo. Siguen experimentando la reencarnación hasta que experimentan la salvación y vuelven al Dios bueno. En 1350, el catarismo fue erradicado por la iglesia católica y sus cruzadas y la inquisición medieval.

Cábala: Cábala significa "recibir", "tradición" o "correspondencia". Rica en esoterismo, es una filosofía judía sobre el misticismo. Los practicantes se llaman mequbbal. Siguen enseñanzas específicas sobre asuntos esotéricos que abarcan el mundo espiritual, el mundo físico y la conexión entre el creador y estos dos mundos. Sus creencias se basan en la Biblia hebrea y otros textos sagrados.

Sufismo: También se denomina tasawwuf. Es el misticismo islámico, que abarca las dimensiones internas de la religión. Implica rituales, un conjunto de doctrinas e instituciones reconocidas. Fue la manifestación de lo místico en el islam. Sus practicantes son conocidos como sufíes. Su objetivo es la "perfección de la adoración", que llaman ihsan. La mayoría de los practicantes seguían el islam suní, pero esta práctica también afectó al islam chiita a finales de la época medieval.

Beguinas: Las beguinas eran místicas principalmente en los Países Bajos de Europa Occidental desde el siglo XIII hasta el XVI. No hacían más votos que la decisión de no casarse. Tenían la libertad de irse cuando querían. Se centraban en ser como Cristo, cuidando de los enfermos y los pobres, eligiendo ser pobres y dedicándose a los asuntos religiosos.

Las épocas del Renacimiento y la Ilustración en el misticismo

Hermetismo: También se conoce como hermetistas y se basa en las enseñanzas de Hermes Trismegisto, que tuvo importancia en el esoterismo occidental y se impuso no solo durante la época del Renacimiento, sino también durante la Reforma. Se basa en la prisca theologia, que dice que solo hay una teología verdadera en todas las religiones, y que Dios se la dio a todos. Postula que se puede controlar la naturaleza, entre otras cosas.

Paracelsianismo: También se llama paracelsismo y es un movimiento único, ya que es un movimiento médico fundado en las enseñanzas de Paracelso. En cuanto a la medicina alternativa, es un sistema muy completo. Los seguidores creen que debe haber un equilibrio entre el ser humano y la naturaleza, ya que la naturaleza es el macrocosmos y el ser humano es el microcosmos. Antes de desaparecer, tuvo bastante influencia en la medicina.

El rosacrucismo: Este movimiento comenzó en Europa y es altamente esotérico. Se basa en enseñanzas sobre el mundo de los espíritus, el plano físico y todas las cosas de la naturaleza que son desconocidas para todos. Hay elementos de la Cábala en esto. Los creyentes trataban de que los humanos se reformaran a sí mismos utilizando una ciencia secreta que solo se revelaría cuando llegara el momento.

Masonería: Formada por organizaciones de hombres, este es un movimiento plagado de muchas conspiraciones. Los miembros de esta religión creen que una deidad suprema supervisa toda la vida. Las mujeres no pueden participar en sus actividades. En este movimiento, hay varios grados por los que deben pasar los adeptos. A medida que progresan, se les enseñan secretos más profundos, símbolos y otras cosas. Los miembros se llaman masones o francmasones.

Movimientos esotéricos del siglo XX

Teosofía: Se inició en América a finales del siglo XIX y se atribuye a Helena Blavatsky, una inmigrante rusa. Las creencias de esta religión se basan en sus enseñanzas. Se considera una forma de esoterismo occidental, con inspiración en el budismo, el hinduismo y el neoplatonismo. El movimiento enseña la existencia de "maestros" espirituales que están por todo el mundo y que han alcanzado poderes espirituales y sabiduría esotérica. Los maestros quieren traer de vuelta una antigua religión que el mundo practicó una vez hace mucho tiempo, una religión que borrará todas las demás. Los seguidores de este movimiento no lo consideran una religión; creen que hay un "absoluto" del que se crean todas las cosas.

La Orden Hermética de la Aurora Dorada: Esta orden se dedica a estudiar y practicar todo lo metafísico y lo oculto. Se centran en lo paranormal. Los seguidores valoraban el desarrollo del espíritu por encima de todo. Para la iluminación, tenían rituales y tradiciones. Fue fundada por William Wynn Westcott, William Robert Woodman y Samuel Liddell Mathers. Todos ellos eran masones.

Ordo Templi Orientis (O.T.O) (Orden del Templo del Este): Comenzó a principios del siglo XX y estuvo fuertemente influenciada por Aleister Crowley, Franz Hartmann, Heinrich Klein y Carl Kellner. Tiene cuatro ramas principales, cada una de las cuales afirma ser el movimiento original. Se suponía que era similar a la masonería tal y como se practicaba en Europa, pero Crowley estructuró las cosas para que todo se basara solo en el Thelema.

El cuarto camino: Fue creado por George Gurdjieff y trata del desarrollo del yo. Es una combinación de las tres escuelas de mente, cuerpo y sentimientos. Esta filosofía trata sobre el lugar de las personas en el universo y sobre hasta dónde pueden llevar su autodesarrollo. Se trata de estar siempre presente.

Espiritualismo: Este movimiento trata de la existencia continuada de los espíritus, incluso después de la muerte. Dice que los vivos y los muertos coexisten y pueden comunicarse entre sí. Incluso después de la muerte, los espíritus siguen aprendiendo, creciendo y convirtiéndose en mejores almas. También se cree que los espíritus están muy por delante de los humanos en cuanto a la iluminación espiritual. Algunos de estos espíritus pueden servir de guías espirituales a los vivos.

Tradicionalismo: Esto implica seguir religiosamente todos los rituales y creencias tradicionales. Se da valor al conocimiento de las leyes de la cultura o tierra en la que uno se encuentra y a seguirlas al pie de la letra.

Místicos del pasado

Orfeo: Fue un filósofo, poeta, músico y profeta griego. Según la leyenda, podía encantar a todos con la música. Una vez intentó recuperar a su esposa del mundo de los muertos y acabó muriendo gracias a las ménades de Dionisio, que se hartaron de que llorara constantemente a su mujer. Fundó los misterios órficos.

Pitágoras: También fue un filósofo griego, al que se le atribuye la teoría pitagórica. Este filósofo influyó en las enseñanzas de Aristóteles y Platón. Creó una escuela en la que todos los asistentes debían hacer un juramento de secreto. Hizo todo lo posible por evitar todo placer sensual y favoreció la idea de una economía en la que todos tenían la misma participación.

Toth: Era una deidad de origen egipcio que supervisaba la escritura, la ciencia, la sabiduría, la magia, los jeroglíficos, el juicio, el arte y los muertos. A veces se le conoce como Hermes Trismegisto, o Hermes, "tres veces grande". Esta deidad mantiene el mundo y resuelve las disputas entre dioses.

Capítulo 2: El aura, los chakras y los cuerpos energéticos

¿Qué es el aura?

El aura es un campo de energía que rodea su cuerpo. Está formada por varias bandas de energía conocidas como campos o capas áuricas, que rodean lo que se conoce como su cuerpo sutil, que le conecta con el mundo físico.

Para el cristiano, el aura está representada por coronas de luz. En la Cábala, se conoce como la luz astral. Los textos y enseñanzas de origen védico, nativo americano, rosacruz y budista hindú están llenos de descripciones del aura. Según Pitágoras, el aura es su cuerpo que irradia luz, o "el cuerpo luminoso".

Jan Baptist van Helmont es un médico y místico de origen belga que, hacia el siglo XIX, habló del aura como un flujo que impregna todas las cosas del mundo. No fue el único que pensó en ella como un flujo, ya que Frank Mesmer llegó a opinar que todos los objetos, vivos y no vivos, tenían este mismo flujo, que él consideraba magnético y que podía afectar a otras cosas independientemente de su distancia entre ellas.

El barón Wilhelm von Reichenbach también denominó al aura "fuerza ódica", ya que pensaba que, en cierto modo, era lo mismo que un campo electromagnético y que se compone de opuestos. La única diferencia entre esta y los campos electromagnéticos es que los opuestos se atraen en los campos electromagnéticos, mientras que, en la primera, lo semejante se atraen.

Reichenback imaginó que el aura se correlaciona con varios colores, y más que eso, fluye alrededor de todos los objetos y tiene su carga. Según él, el polo negativo es el lado izquierdo del cuerpo, mientras que el derecho es positivo. Esto coincide con la filosofía médica china.

El aura fluye y se compone de una combinación de colores que representan varias frecuencias. Es permeable y abierta a la penetración, y además es magnética y electromagnética. Su aura establece la conexión entre el yo físico y su ser dimensional mayor. Su color, carga y movimiento dependen de cómo se sienta usted, física y emocionalmente. Algunos dirían que es la fuente de la salud y de la vida misma. Cuando usted está sano, su aura es animada y vibra maravillosamente a un ritmo constante. Cuando no estás bien, el ritmo cambia para reflejarlo, y cualquiera que esté en sintonía con su intuición será capaz de ver que algo está mal en usted.

El aura vibra a diferentes ritmos según las personas. Algunas tienen una pulsación más intensa, mientras que otras tienen una intensidad más suave. Cuanto más grande sea su biocampo o aura, más podrá transferir su energía a otras cosas y personas a su alrededor. Si tomara una fotografía Kirlian de usted mismo, vería una imagen exacta de su estado mental y emocional actual. También sabrá que es exacta, porque si empieza a sentirse de forma diferente y se hace otra foto, el cambio se verá reflejado. Incluso en la ciencia médica, hay un proceso de imagen que utiliza el aura de calor de su cuerpo para rastrear lo que está pasando con su cuerpo. El aura funciona como un mecanismo de retroalimentación para hacerle saber lo que va bien o mal dentro de su cuerpo.

Todos sus órganos crean un flujo eléctrico y también tienen su aura, pero su corazón emite el flujo más fuerte de todos. Este flujo entra en una danza con el sistema nervioso, que crea maravillosos diseños o patrones giratorios.

Algunos dicen que el aura es plasma, es decir, que no es del todo energía, ni tampoco materia. Barbara Ann Brennan, experta en aura, cree que el bioplasma es esencialmente el quinto estado de la materia. El filósofo Rudolf Steiner señaló que debe estar compuesto de masa negativa. Otros creen que es una combinación de antimateria y magnetismo, que permite la transferencia de energía entre mundos. Así es como los practicantes de Reiki, los sanadores a distancia y los profesionales de la energía pueden cambiar instantáneamente el cuerpo utilizando su intención, independientemente de dónde se encuentre el sujeto en el tiempo o el espacio.

Por qué debería aprender a leer el aura

Es posible que haya oído hablar del aura como la "esfera de la sensación" o "el espejo mágico del universo". Esto se debe a que puede utilizar el aura para interpretar lo que está sucediendo en su vida o en la de otra persona. Cuando usted aprende a ver el aura, se convierte en clarividente. A veces, lo que la gente llama "buenas vibraciones" o "malas vibraciones" es su percepción del aura de otra persona o del aura de un lugar. Además de saber si tiene "buenas vibraciones" con alguien o con un lugar, vea ahora otras razones por las que valdría la pena aprender a leer el aura.

Puede saber cuándo se están gestando problemas antes de que empiecen. Cuando sabe cómo leer las auras, puede saber cuándo algo está a punto de ir mal, ya sea con su cuerpo o en un lugar. Piense en esto como un sistema de alerta temprana para que pueda hacer algo inmediatamente sobre la inminente fatalidad antes de que las cosas empeoren.

Puede utilizar el aura para mejorar su comportamiento social: Ser capaz de leer las auras de otras personas le permite saber cómo interactuar con ellas. Puede ver cómo se sienten en el momento para que pueda acercarse a ellos con la sensibilidad adecuada y las palabras perfectas para su situación. De esta manera, nunca estará en riesgo de ser malinterpretado o de malentender a los demás, lo que puede arruinar lo que habría sido una maravillosa amistad o relación.

Puede utilizar el aura para conectar mejor con su familia: Como puede saber lo que sucede con su familia a nivel energético, y como la energía no puede mentir, podrá comunicarse con su familia directamente desde el corazón, creando vínculos más estrechos y fuertes que todos apreciarán.

Aumentar el nivel de superación personal de los demás: Mucha gente no tiene ni idea de lo que tiene que hacer para mejorar en el juego de la vida. Claro, está lo obvio, pero hay veces que ayuda que otra persona le diga lo que necesita oír. Cuando puede saber con qué está luchando la gente, es fácil que se convierta en esa voz de la razón que finalmente les hace ir en la dirección correcta.

Aura y chakras

Claro que el aura puede decirle mucho sobre otra persona, pero lo que le da aún más información son sus chakras y los colores que los representan. Algunas personas piensan que las auras y los chakras son lo mismo, pero eso está lejos de ser cierto. Para que quede claro lo que es cada uno, a continuación, profundizaremos en sus diferencias.

En primer lugar, el aura es un campo de energía. Rodea todas las cosas y es mucho más fácil de percibir. En cambio, el chakra no es tan fácil de percibir, ya que es un campo de energía en su interior. Para verlo, hay que concentrarse. Su aura está formada por varios cuerpos energéticos, pensamientos y energías espirituales también, así que es mucho más complicada que su cuerpo.

Los chakras son centros energéticos del aura. Cada uno tiene un color específico, que puede variar de una persona a otra dependiendo de sus experiencias y de cómo exprese su individualidad. Dicho esto, los chakras de su cuerpo son prácticamente los mismos que los de cualquier otra persona. Todo el mundo tiene siete, excepto los menores, desde la raíz hasta la coronilla. Estos chakras son muy útiles cuando se trata de sanar y eliminar bloqueos. Además de los siete chakras del cuerpo, también hay otros cinco llamados chakras espirituales. Estos cinco están fuera del cuerpo.

El aura puede fluctuar rápidamente, pero sus chakras permanecen un poco más estables. El aura emitirá información sobre cómo se siente alguien en el momento, pero el chakra dará aún más información sobre cómo se encuentra en su día a día. Si desea crear un cambio dentro del chakra de alguien o en el suyo, tendrá que haber un cambio de mentalidad y de hábitos.

¿Cómo ver un aura?

Aunque no todo el mundo puede ver el aura, puede aprender a hacerlo. Ya está adelantado si puede percibir el aura o las "vibraciones". de las personas. Es esa sensación de sentirse inexplicablemente atraído o repelido por alguien. Una vez que usted sepa cómo ver las auras de las personas, tendrá un mejor manejo de ellas y de usted mismo también.

Debe comprender que cada persona tiene un campo energético único. En otras palabras, usted notará que su aura es diferente de la de su hermano o colegas. Dicho esto, su aura se mezcla con las auras de todas las personas con las que pasa tiempo. Así es como todo el mundo se afecta mutuamente, incluso si son solo extraños en la misma cafetería. Ahora bien, no asuma que esto significa que su aura tiene que coincidir totalmente con la de otra persona para que ambos puedan conectarse. Solo que cuanto más parecidas sean sus auras, mejor será su relación.

Comience por tratar de ver su aura, literalmente. Para ello necesitará un espejo. Colóquese frente a él, asegurándose de que el fondo sea blanco o de un color neutro. Esto es importante porque no querrá malinterpretar el color que ve por tener un fondo demasiado cargado o demasiado vibrante.

A continuación, preste atención a su frente. Mantenga su atención allí durante un minuto, dejando que sus ojos se relajen y su mirada se suavice. Al mirar, comenzará a notar que hay un anillo de luz, una especie de halo, que rodea su cabeza. Comienza como una luz blanca, no intensa, sino suave. Debe mantener su enfoque relajado y en la misma zona. Con el tiempo, comenzará a ver surgir un color. Cuanto más tiempo se enfoque, más claro será. No se complique en esto. Cuando termine, probablemente verá una imagen posterior, que es el negativo de su aura, como los negativos de una fotografía.

También puede percibir las auras sintonizando con su intuición. Ya debe estar muy familiarizado con su energía en este momento. Ahora, póngase cómodo y mantenga las manos extendidas, con las palmas hacia abajo y a 15 centímetros de su cabeza. Haga un escaneo, moviendo las manos hacia abajo de su cuerpo, manteniendo esa misma distancia. Mientras lo hace, sienta su energía, y tendrá una idea del color de su aura.

Qué significa cada color

Las auras pueden ser de cualquier color. El color de un aura depende de lo que más importa a su propietario y de su estado de ánimo actual. Cuando se conoce el significado de cada color, no debería ser muy difícil saber a qué corresponde cada uno.

Azul: Las personas con auras azules son excelentes para mantener la calma en momentos de problemas o estrés. Son supervivientes que tienen los nervios muy calmados y se dedican a vivir de forma equilibrada. Son sensatos, fríos y no les gusta hacer nada precipitado, al menos, no mientras su aura sea azul.

Verde: Si el aura de alguien es verde, significa que es un sanador natural. También son increíbles en jardinería, siendo alguien con un "pulgar verde". Su energía le hace sentirse a gusto, en un estado de descanso. Cuanto más vibrante es el verde, más tranquilos son. Es cómodo estar con ellos.

Turquesa: Las personas con esta aura son muy energéticas. Tienen la habilidad de poner a otras personas bajo su influencia, lo que les resulta fácil por lo dinámicas que son. Cuanto más fuerte es el aura turquesa, más organizados son. Son excelentes multitareas y rinden horriblemente si se les exige que presten atención a una sola cosa a la vez. Un jefe con esta aura es el mejor para trabajar.

Rojo: Los que tienen auras rojas son muy materialistas y se preocupan mucho por su cuerpo. Este color tiene que ver con el corazón, el flujo de sangre y el calor. Es un color que tiene mucha fricción en el peor de los casos, pero en el mejor, dice que son enérgicos y apasionados. El rojo puede ser muy atractivo o muy repulsivo.

Púrpura: Esta aura tiene que ver con lo espiritual. Si tiene este color, sus pensamientos se inclinan principalmente hacia lo espiritual. Es como una nube o una llama. Este color indica sensibilidad espiritual, sabiduría y habilidades psíquicas.

Amarillo: Las personas con auras amarillas son inteligentes y están llenas de inspiración. A menudo están despertando en su viaje espiritual. Sus corazones están llenos de alegría y son las almas más generosas que usted podrá conocer. Tener un halo amarillo significa que su espíritu está muy desarrollado y que son la mejor persona a la que acudir cuando se desea un crecimiento espiritual.

Rosa: Esta es una mezcla de rojo y púrpura, que son las frecuencias más bajas y más altas de los colores, respectivamente. Esta aura es poco frecuente. Aparece muy brevemente, inspirada por un pensamiento fugaz. Muestra que ha encontrado una manera de conectar su vida espiritual y material sin problemas.

Gris y marrón: Estos colores son turbios y no significan más que negatividad. Los notará como mucho más oscuros que el fondo cuando los vea, y parecen ser como humo o un resplandor oscuro. Pueden significar cualquier cosa, desde pensamientos oscuros y peligrosos, ira y depresión, hasta enfermedad y muerte.

Blanco: Esta aura significa que no hay equilibrio o conexión entre el cuerpo y la mente. Suele ser mucho más fuerte solo antes de fallecer.

El sistema de chakras

Los chakras de su cuerpo son vórtices giratorios de energía pura, causados por la conexión entre su cuerpo físico y la conciencia. Actúan como puntos calientes para recibir, asimilar y transmitir la fuerza vital. Gracias a sus chakras, usted puede experimentar el crecimiento y seguir adelante con su día a día.

La palabra chakra deriva etimológicamente del sánscrito, que significa "disco" o "rueda". Surgió de los antiguos sistemas de yoga de la India, especialmente del tantra. Los chakras están en línea recta a lo largo de la columna vertebral. Empiezan en la base de la columna vertebral y suben hasta la parte superior de la cabeza. Están relacionados con la respiración, la procreación y los procesos digestivos y están conectados con las glándulas endocrinas y los principales ganglios nerviosos del cuerpo. Sería pertinente señalar que, aunque los chakras están en el cuerpo, no se pueden ver porque no son físicos. No pretenda que su cirujano pueda operarlos, pero solo porque no sean físicos no significa que no le afecten de una forma u otra.

Psicológicamente, sus chakras están vinculados a sus emociones, mente y espíritu, especialmente en las áreas de comprensión, conciencia, amor, poder, comunicación, sexo y supervivencia. Piense en ellos como programas que funcionan dentro de usted y que le permiten saber lo que necesita hacer para sobrevivir y prosperar. Por ejemplo, su chakra base o primer chakra le permite saber cuándo debe comer algo y cuándo debe hacer ejercicio. Su chakra sacro le permite saber lo que le gusta en términos de sexo y qué líneas cruzará y no cruzará. Cuando trabaja en cualquier chakra, la idea es mirar los programas que está ejecutando, deshacerse de lo que no le sirve y reemplazarlo con algo mejor.

De nuevo, tiene usted otros chakras además de los principales. Usted encontrará varios de ellos en sus pies y manos, por ejemplo. Si trabaja mucho con las manos, es probable que tenga los chakras de los manos muy activos. Si se mueve mucho, o es un atleta o un corredor, los chakras de los pies pueden estar muy activos.

Estos son los principales chakras que debes conocer:

- **Muladhara:** El primer chakra en la base de la columna vertebral. Para ser precisos, se encuentra en el perineo. También se le llama el chakra raíz y está conectado con el elemento tierra. Psicológicamente, se trata de estar conectado a la tierra y sobrevivir a la vida. La emoción relacionada con este chakra es la de la quietud. Las glándulas que se correlacionan con Muladhara son las suprarrenales. También está conectado con el intestino grueso, los huesos y las piernas. Cuando está desequilibrado, el resultado son las hemorroides, la obesidad y el estreñimiento.

- **Swadhisthana:** El chakra sacro está situado en la parte inferior del abdomen. Representa el elemento agua y es responsable de la sexualidad y las emociones. Impulsa sus deseos e inspira sus lágrimas. Este chakra está conectado con los testículos, la próstata, los ovarios, los genitales, la vejiga, los riñones y el útero. Si Swadhisthana está desequilibrado, se produce frigidez, impotencia, problemas de vejiga y de útero.

- **Manipura:** Este tercer chakra se encuentra en el plexo solar. Representa el fuego. Desde el punto de vista psicológico, es el responsable de la voluntad y el poder. Permite sentir la alegría, la ira y la risa. Coincide con el páncreas y también está asociado a la musculatura y al estómago. Cuando está desequilibrado, se produce diabetes, úlceras e hipoglucemia.

- **Anahata:** El chakra del corazón, que representa el aire. Le permite amar y tener equilibrio en su vida. No solo eso, sino que también es el chakra que le permite ser compasivo. Representa el timo y otras partes del cuerpo como las manos, los brazos, el corazón y los pulmones. Si sufre de presión arterial alta o asma, probablemente su Anahata necesite ser equilibrado.

- **Vishuddha:** El chakra de la garganta, que abarca todo lo relacionado con el éter y el sonido. Es el chakra que le permite ser creativo y expresar o comunicar sus ideas. Las emociones que le hace sentir son la excitación y la expansión. Está conectado con la tiroides y el hipotálamo, los oídos, los brazos, la garganta, la boca y las manos. Cuando está desequilibrado, tiene problemas de tiroides, gripe y resfriados.

- **Ajna:** El chakra del tercer ojo, que se encuentra en el entrecejo y solo ligeramente por encima de este. Representa el elemento de la luz. Es la razón por la que puede tener imaginación, y cuando se estimula, le da clarividencia. El Ajna es el responsable de los sueños, lo que tiene sentido, ya que está conectado a la glándula pineal. También está conectado a sus ojos. Cuando el Ajna está desequilibrado, se sufren pesadillas, dolores de cabeza y ceguera.

- **Sahasrara:** Es el chakra de la coronilla, que está justo en la parte superior de la cabeza. Representa el pensamiento. Le da la capacidad de entender y conocer. Inspira la emoción de la felicidad dentro de usted. Conectado con las glándulas pituitaria y pineal, el Sahasrara es lo que le conecta con lo espiritual. También está estrechamente relacionado con la corteza cerebral y el sistema nervioso central. Cuando está desajustado, se siente alienado, deprimido y confundido.

Capítulo 3: Trabajo energético práctico

¿Cómo percibir la energía?

Sentir la energía es una habilidad que le llevará tiempo dominar. Mientras que puede ver con sus ojos y oír con sus oídos, no hay un órgano especializado para sentir la energía. Entonces, ¿cómo se consigue exactamente? Necesita mantener una mente abierta y concentrada para detectar la energía.

Todo es energía. Tiene energía a su alrededor y dentro de usted. El problema es que es mucho más fácil para usted notar la energía dentro de su cuerpo, ya que es su cuerpo, pero con la práctica, puede ampliar sus habilidades de detección más allá de usted mismo.

Dicho esto, lo mejor sería empezar por usted. Además de usar sus manos para sentirse a sí mismo, puede usar su conciencia interior para sentir lo que le sucede. Simplemente requiere que usted dirija su conciencia a cualquier parte de su cuerpo que elija. Debería comenzar con sus manos, ya que esta parte del cuerpo es muy sensible a la energía.

1. Póngase de pie o siéntese tan cómodamente como pueda, manteniendo la espalda recta.

2. Extienda las palmas de las manos, manteniéndolas a la altura del pecho y separadas unos cinco centímetros. Es conveniente que las palmas de las manos estén enfrentadas.

3. Preste atención a sus manos, canalice su conciencia o atención hacia sus palmas y observe la distancia entre ellas.

4. Inhale y, al hacerlo, separe suavemente las palmas de las manos.

5. Exhale mientras las vuelve a juntar.

6. Continúe con la respiración y los movimientos de las manos, manteniendo la mente relajada mientras se concentra suavemente en las palmas y en el espacio cambiante entre ellas. Es posible que sienta un empuje y una atracción magnética: frío, calor, presión, electricidad, hormigueo o ligereza. Todas estas sensaciones son su creciente conciencia de la energía.

7. Cuando hayan pasado unos minutos, suelte sus manos e inhale y exhale tres veces, profundamente cada vez.

¿Cómo crear una bola energética?

Si alguna vez ha necesitado una inyección de energía sin el nerviosismo de la cafeína que le produce su café favorito, querrá aprender a crear una bola de energía. Más que por la energía, es genial porque puede utilizarla para convertirse en un mejor referente. Una bola de energía está hecha de energía, que es la fuerza vital o prana, o chi si lo prefiere.

Puede utilizar una bola de energía para obtener fuerza cuando se sienta agotado. Si se siente un poco enfermo, puede utilizar una bola de energía para que le duela menos. Si su mascota está mal, puede curarla con una bola de energía. ¿Quiere protección? Cree una bola de energía y rodéese de ella. Las bolas de energía también pueden hacer que se acerque a las entidades divinas. Lo mejor de todo es que son increíbles para acelerar sus manifestaciones.

Las bolas de energía son verdaderas formas de energía que se crean entre las manos. Ya ha tenido cierta experiencia con el ejercicio anterior. Puede generar esta energía porque hay chakras en cada palma. Cuando los chakras de la palma de la mano están abiertos y equilibrados, se siente a gusto recibiendo cumplidos porque tiene un alto sentido de la autoestima. Se alaba a sí mismo por sus increíbles habilidades y talentos y no se menosprecia. Si es escritor, las palabras fluyen. Le gusta escuchar a los demás, incluso si ven las cosas de forma diferente a usted. Cuando entra en una habitación, sabe si debe estar allí o no. Tiene sensibilidad para las cosas y simplemente sabe cuándo algo es bueno o no.

He aquí cómo crear una bola de energía:

1. Encuentre un lugar tranquilo donde no le molesten y deshágase de todas las distracciones. Pida que no le interrumpan.

2. Siéntese en una posición cómoda y concéntrese en su respiración durante unos minutos, hasta que se sienta en paz.

3. Imagine que la energía, en forma de luz, desciende desde su coronilla y se adentra en la tierra, solo como las raíces de los árboles. Imagine que la tierra envía su energía a través de usted.

4. Ponga las palmas de las manos a la altura del pecho, una frente a la otra, con solo unos centímetros de separación. También puede poner una palma sobre la otra, si lo prefiere, manteniendo la distancia entre ellas.

5. Inhale y exhale profundamente mientras mueve las manos suavemente en círculo.

6. En su mente, visualice una bola de luz blanca que empieza a formarse en el centro de las palmas. Sienta su calor y su magnetismo.

7. A medida que mueva las manos, empezará a notar que se separan cada vez más. Esto se debe a que la bola está creciendo.

8. Ahora puede alimentar la bola con sus intenciones. Si desea curarse con ella, imagine que se conecta con su chakra del plexo solar y sienta la energía que va y viene entre la bola y este chakra.

9. Si hay un punto de su cuerpo que le duele, mueva la bola hacia allí con la intención de sanarlo.

10. Puede mover la pelota alrededor de su mascota si necesita sanación o ser calmada.

11. También puede visualizar algo que quiere que ocurra y luego soltar la pelota para que salga y haga su voluntad.

¿Cómo percibir los chakras?

1. Antes de empezar, asegúrese de consultar la sección sobre los chakras para saber exactamente dónde se encuentran.

2. Para ello necesitará un compañero. Que se acueste en una cama o en una mesa de masaje, si tiene una.

3. Mantenga sus manos sobre su cuerpo, solo a unos centímetros de distancia.

4. Mueva lentamente las manos por el centro del cuerpo, empezando por debajo de la ingle y subiendo hasta la parte superior de la cabeza. A medida que mueva sus manos, observe si percibe alguna diferencia en la energía donde deberían estar los chakras. Puede que vea colores o imágenes que se relacionen con el chakra, pero es más probable que solo sienta la energía con sus manos.

Nota: La capacidad de sentir los chakras difiere de una persona a otra. Algunas personas sienten calor; otras, frío. Algunas personas sienten un zumbido en las manos. En cualquier caso, cuanto más practique, mejor será la percepción de los chakras. Si no tiene palabras para describir lo que siente, no hay problema. La cuestión es que pueda sentir algo en cada chakra.

Algunos chakras le darán más información que otros, y puede sentir cuando hay un desequilibrio o cuando hay una liberación. Todo depende de la persona con la que esté tratando y de lo que esté tratando en su vida. Si no percibe nada, no se desanime. Está bien imaginar que sí siente los chakras. La imaginación le permitirá desbloquear sus habilidades psíquicas. Por último, no se permita dudar. Esta es una buena regla general: Si usted cree que puede percibir algo mientras práctica, lo percibirá. Cuanta más confianza tenga en sus habilidades, mejor será.

¿Cómo detectar los chakras con un péndulo?

Un péndulo es un objeto pequeño y pesado que cuelga de una cadena o cuerda corta. Lo ideal es que sea algo significativo para usted, algo que pueda apreciar visualmente, ya sea un cristal, una llave estilizada, una piedra o cualquier otra cosa que importe. A continuación, le explicamos cómo utilizarlo para sentir los chakras:

1. Sostenga el péndulo por encima de su chakra. Asegúrese de que cuelga por encima de este chakra a unos pocos centímetros. Espere hasta que se quede completamente quieto.

2. Después de un corto período, su péndulo comenzará a moverse.

3. Cuando se mueve en el sentido de las agujas del reloj, significa que las cosas están bien con el chakra.

4. Cuando se mueve en sentido contrario a las agujas del reloj, el chakra está girando, pero en la dirección opuesta.

5. Cuando el péndulo está completamente quieto o se mueve solo en pequeños círculos, ese chakra no está muy activo.

6. Cuando el péndulo se mueve en grandes círculos, el chakra está muy activo.

7. Cuando se mueve en un círculo moderado y en el sentido de las agujas del reloj, el chakra está bien.

Abrir los chakras

Siempre que se sienta un poco ausente, estresado o solo decaído, podría ser que sus chakras estén bloqueados y, por lo tanto, la energía no fluya libremente en su cuerpo y mente. A continuación, le explicamos cómo abrir sus chakras:

1. *Practique la meditación*: Cuando medita, se pone en contacto con el aspecto dimensionalmente más grande de su ser, lo que le permite conectarse con la energía ilimitada que le rodea. Esta práctica le permite eliminar los pensamientos y las emociones problemáticas que bloquean el libre flujo de su energía. Al meditar, permite que energía limpia y nueva comience a circular dentro y alrededor de usted a medida que sus chakras se abren, gracias a esta práctica.

Para meditar, simplemente elija un momento del día y pida que no le molesten. Póngase ropa suelta y cómoda. Siéntese en una silla cómoda, cierre los ojos, separe ligeramente los labios y preste atención a su respiración. Inhale, llenando su vientre y sus pulmones de aire. Mantenga la respiración durante un par de segundos y luego suéltela lentamente a través de los labios ligeramente separados. Cuando los pensamientos le distraigan, sepa que no es un gran problema. Alégrese de haberse dado cuenta y vuelva a prestar atención a su respiración. Nunca se castigue por distraerse. El hecho de que se dé cuenta cada vez que su mente divaga es un progreso.

2. *Practicar yoga*: El yoga es estupendo para volver a poner en movimiento la energía de su cuerpo. Cada postura hace maravillas por cada chakra. Para el chakra raíz, realice la postura del niño, la del guerrero n° 1, la del árbol y la del águila. El chakra sacro o svadhisthana se beneficia de la postura de la paloma, la postura de la diosa y la postura de la bailarina. Para el

plexo solar, prueba la postura del barco y la de la montaña. El saludo al sol también hace que la energía se mueva en ese chakra. Para el anahata, debería hacer las posturas del perro, el camello y la cobra. Su chakra de la garganta se abrirá cuando haga la postura de los hombros y la postura de la cabeza, ambas con apoyo, y cuando rodee su cuello. Para el tercer ojo, es recomendable practicar las posturas del gato y de la vaca y las posturas del niño y de la niña. Por último, para su chakra de la coronilla, haga la postura del cadáver (también llamada savasana) y la postura de la cabeza.

3. *Utilice afirmaciones y mantras*: Los mantras son palabras que tienen poder. Son de origen místico y tienen varios efectos. Las afirmaciones también son maravillosas para ayudarle a abrir sus chakras para que fluya más energía. Puede usar ambas cosas mientras medita, o simplemente puede usarlas durante todo el día diciéndolas en su mente o en voz alta. Para abrir su chakra raíz, cante con el mantra "Lam" una y otra vez mientras medita. Para el chakra sacro, el mantra que debe cantarse es "Ram" para abrirlo. Cante "Yam" para abrir y equilibrar su chakra del corazón. "Ham" desbloqueará el chakra de la garganta, mientras que "Ang" (o "Om") limpiará el tercer ojo. Por último, en el caso del sahasrara, no se canta. Solo se escucha. Preste atención al momento, a todos los sonidos que escuche. No trate de distinguirlos. Tan solo permanezca quieto y sea consciente de cómo cada ruido forma un sonido.

4. *Utilice la visualización creativa*: Esta es una gran manera de limpiar todos los bloqueos energéticos dentro de usted. Relájese, ya sea en su sillón favorito o en una cama cómoda. Si puede, salga a la naturaleza y solo túmbese en la hierba, absorbiendo la buena energía que le rodea. A continuación, cierre los ojos y empiece a pensar en colores e instantáneas que le recuerden la felicidad, la bondad y el amor. Mientras está tumbado, también puede imaginarse a sí mismo en

un lugar que le haga increíblemente feliz. A continuación, imagine una flor que coincida con cada uno de sus chakras. Vea sus pétalos abriéndose y volviéndose más vibrantes, más profundos en color y belleza. Haga esto por cada chakra.

5. *Respiración consciente*: La mayoría de nosotros respiramos en piloto automático, sin tener que pensar en ello. Esto es por diseño, y es bueno que no tengamos que preocuparnos por ello; de lo contrario, en la cultura actual cargada de distracciones, nos olvidaríamos de respirar. Para abrir y equilibrar sus chakras, debe aprender a respirar conscientemente.

Primero, siéntese en un lugar tranquilo y relájese. Sin distracciones. Ahora, va a respirar y, mientras lo hace, dirija su conciencia a su chakra raíz. Imagine que una luz blanca y divina entra en su chakra raíz mientras inhala, cargándolo, despertándolo. Al exhalar, imagine que su chakra expulsa la energía oscura y se siente más libre. Haga esto hasta que el chakra raíz sea de un rojo claro y vibrante en su visualización. Ahora repita este proceso con el chakra sacro, pasando por todos los demás hasta llegar a la coronilla.

6. *Sea indulgente*: Si hay alguien a quien le guarde rencor, debe perdonarlo. Si está ahogado en el arrepentimiento, enfadado consigo mismo o con otra persona, afligido por la pérdida de un ser querido o de algo especial, tendrá que aprender a dejarlo todo. Perdonarse a sí mismo, y perdonar a los demás, para poder liberarse. De lo contrario, el aferrarse a estas emociones turbias bloqueará sus chakras. Si piensa: "Chakras bloqueados, ¿y qué? Gran cosa, la vida apesta", pues bien, estos bloqueos pueden empezar a afectarle físicamente, y podría contraer desagradables enfermedades y dolencias, de las que definitivamente podría prescindir. Así que, deje ir. Haga lo que tenga que hacer para soltar. Podría hacer un ritual, llorar, mover su cuerpo, meditar, pasar más tiempo con la madre naturaleza, o

conseguir una mascota y aprender a canalizar su amor. También puede buscar la ayuda de un profesional que le ayude a ver el camino para seguir adelante para mejorar.

7. *Practique la gratitud*: Esto está demasiado infravalorado. La gratitud es increíble porque no hay una manera mejor y más rápida de desterrar las malas vibraciones, aumentar su energía, dar a sus chakras una limpieza, y atraer aún más cosas para estar agradecido en la vida. La gratitud es un imán de abundancia como no se imagina. Así que, cuando se despierte por la mañana o cuando se despierte, si es un noctámbulo, debería tomarse el tiempo para pensar en todas las cosas que agradece en su vida.

Agradezca por el amante que tiene en su cama o por el hecho de tener una cama. Siéntase agradecido por la comida que va a comer, por los grandes amigos que tiene y por cómo gana dinero. Siéntase agradecido por todas las cosas, grandes y pequeñas. Es útil tener un diario en el que pueda anotar esas cosas. ¿No le gustan los diarios? Entonces hay una aplicación para usted, algunas de las cuales incluso ofrecen recordatorios diarios para realizar una anotación.

8. *Utilice cristales*: Los cristales son como la versión de la madre naturaleza de un biofiltro y baterías. Ellos, al igual que las piedras preciosas, pueden ayudar a sus chakras a reanudar sus operaciones normales sin impedimentos para que el chi pueda fluir a través de usted, manteniéndolo cómodo, enérgico y fluyendo. Considere el uso de hematita para su chakra raíz, citrino para el plexo solar, cuarzo rosa para su anahata, crisocola o lapislázuli para su garganta, sodalita para limpiar su tercer ojo y amatista para su chakra de la corona.

9. *Llénese de color*: Como se ha mencionado, cada uno de sus chakras tiene un color y una vibración. Piense en ello como una especie de arco iris, con un chakra raíz rojo, un chakra sacro naranja, un plexo solar amarillo, un corazón verde, una

garganta azul, un ojo de toro índigo y una coronilla violeta. Para equilibrarlos, basta con llevar los colores que corresponden a cada uno de ellos en forma de cristales, brazaletes, pulseras, ropa, etc. También puede quemar velas que coincidan con el chakra que desea equilibrar. Considere la posibilidad de comer más alimentos que coincidan con el color de ese chakra. También puede conseguir una cama de cristal iluminada con varios colores que representen sus chakras.

Capítulo 4: La práctica de la meditación

Hay muchas ideas equivocadas sobre la meditación. Por ejemplo, la mayoría de la gente piensa que solo se trata de sentarse quieto y permanecer vacío mientras hace lo posible por luchar contra todas las emociones y pensamientos que surgen en su interior. La meditación no consiste en luchar contra los pensamientos; lo que realmente importa es la concentración. La meditación es un estado de hiperconcentración, en el que conscientemente y deliberadamente pone toda su atención y conciencia en un punto singular.

Es pertinente señalar que no hay nada de forzoso en esta práctica. No se obliga a uno mismo a vaciarse de pensamientos; eso se consigue con el tiempo a medida que se practica la meditación.

Breve historia de la meditación

La evidencia concreta más antigua sobre la meditación se encuentra en el subcontinente indio, concretamente en las artes murales de entre el 5.000 y el 3.500 antes de Cristo. Estas artes murales muestran a personas sentadas en posturas típicas del acto de meditación con los ojos fijos a media asta. En cuanto a los escritos sobre la meditación, el primero es de alrededor del año 1500 a. C., documentado en los

Vedas. La meditación ha sido, durante mucho tiempo, una práctica de los hindúes. Según el Upanishad, es una gran manera de deshacerse de la ignorancia, edificarse en la sabiduría y convertirse en uno con la divinidad.

Otras formas de meditación surgieron entre el siglo VI y el siglo V a. C., en la India budista y en China, donde se practicaba el taoísmo. Hay escritos sobre los distintos niveles de meditación en el budismo indio, especialmente en los sutras del Canon Pali, que son tan antiguos como el siglo I a. C. El Canon Pali señalaba que la meditación era uno de los cuatro pasos que conducían a la salvación, incluyendo el respeto a la moral, la contemplación de las verdades y la adquisición de conocimientos. Cuando el budismo llegó a China, se mencionó la iluminación y el zen alcanzados a través de la meditación en los pasajes del Sutra Vimalakirti del año 100 de la era cristiana.

Bodhidharma fue el responsable de compartir la meditación con Oriente, llevando a China la idea del zen; sin embargo, Zhiyi fue quien fundó la primera escuela en China central durante el siglo VI. Zhiyi puso orden en las enseñanzas para que fueran transmitidas de forma fácil de asimilar.

No hay que olvidar que los judíos también tenían sus prácticas, que habían heredado de tradiciones más antiguas. Entre dichas prácticas se encuentra el lasuach, que el patriarca abrahámico Isaac practicaba en el campo, según el capítulo 24 del Génesis, versículo 63. En la Biblia hebrea (llamada Tanaj), también hay referencias al acto de meditar.

Cuando el budismo se popularizó en Japón a partir del siglo VII, la meditación se introdujo en el país y se desarrolló aún más. En Nara, la primera sala de meditación del país fue abierta por Dosho, un monje japonés que conoció el zen en el año 657 desde China. Luego, las reglas del zazan fueron escritas por Dogen a su regreso, alrededor de 1227, de China a Japón. Él reunió una comunidad de monjes que se centró en el zazen.

En el judaísmo, la práctica evolucionó, e incluyeron la meditación en el estudio, la oración y las mitzvot. También incluyeron la Cábala en sus meditaciones y aspectos de la filosofía judía.

La filosofía sufí también incluye el acto de meditación, llamado dhikr, e incluye "recordar a Dios". Fue un elemento muy importante del sufismo que echó raíces aún más profundas cuando se organizó más durante los siglos XI y XII. Durante la última parte de este periodo, incorporaron métodos de respiración y mantras.

La meditación en el cristianismo primitivo consistía en repetir una determinada frase en una postura muy particular. Sus raíces se encuentran en el periodo bizantino. El hesicasmo, una práctica mística que implica la contemplación profunda en la oración, se desarrolló entonces en Grecia, en el Monte Athos. Hasta ahora, se sigue practicando. Consiste en repetir la oración o plegaria de Jesús: "Señor Jesucristo, hijo de Dios, ten piedad de mí, pecador". Se especula que los indios o los sufíes pudieron cruzarse con los practicantes del hesiquiasmo, aunque no hay pruebas de ello.

En el cristianismo occidental no existen los pilares habituales de frases repetitivas o acciones y posturas específicas. A partir del siglo VI, lo más parecido a la meditación entre los cristianos occidentales era la lectura de la Biblia, una práctica llamada lectio divina, a la que se atenían estrictamente los monjes benedictinos. Esta práctica fue estructurada por Guigo II, un monje que vivió en el siglo XII. Según él, era un proceso de cuatro pasos: lectio, meditatio, oratio, contemplatio, que significa "leer, reflexionar, rezar, contemplar".

A finales del siglo XIX, la meditación se hizo muy popular en Occidente gracias a que el mundo se hizo más pequeño gracias a Internet y a los viajes modernos. Incluso Occidente tiene algunas de sus metodologías de meditación, que se han extendido a Oriente. En América, la meditación se hizo popular gracias a la presencia de varias sectas ocultistas europeas entre 1840 y 1880. El Parlamento Mundial de las Religiones de 1893, que tuvo lugar en Chicago, también fue responsable del crecimiento de la adopción de la meditación en

América. Después de ese evento, Swami Vivekananda se dedicó a establecer ashrams de Vedanta. Luego, hubo conferencias sobre la meditación budista theravada, impartidas por Anagarika Dharmapala en 1904, la gira de enseñanza de Abdul Baha Bahai, y Soyen Shaku, que se centró en la enseñanza del Zen a los estadounidenses. En la década de 1890, había todo tipo de nuevas escuelas de yoga. Desde entonces, la meditación ha seguido creciendo y prosperando hasta ahora.

Aprender todo sobre la respiración

La respiración es muy importante en la meditación. Cuando se aprende a controlar la respiración, se aprende a controlar otras cosas. Si respira despacio, su ritmo cardíaco disminuirá. Si respira rápido, aumentará. Si respira despacio, estará tranquilo. Si respira rápido, estará excitado o ansioso, dependiendo de cómo decida interpretar esa energía. La respiración afecta incluso a la forma de digerir la comida. Cuanto más practique la respiración consciente, más se beneficiará su cuerpo. Manteniendo una mejor postura, aliviará el dolor de espalda provocado por una columna vertebral desalineada y fortalecerá los músculos del estómago.

¿Respirar correctamente? Coloque por un momento una mano en su pecho. Apóyela justo en el hueso que sostiene la respiración. Ponga su otra mano en el estómago. Respire como lo hace habitualmente y no cambie nada. Observe sus manos. Si la mano o las manos sobre el pecho se mueven, está utilizando los pequeños músculos de entre las costillas mucho más de lo habitual. Cuando está sentado, no necesita mucho oxígeno en comparación con cuando se mueve. Por lo tanto, utiliza estos músculos de la caja torácica en lugar del abdomen. Como esos músculos no tienen descanso, no es la forma más eficiente de respirar.

Respiración abdominal

1. En primer lugar, mantenga la garganta relajada. Para ello, debe abrir la garganta, lo que significa que hay que empujar un poco la lengua hacia abajo. Mantenga la boca cerrada. La posición de la lengua es temporal. No tiene que mantener la lengua hacia abajo todo el tiempo.

2. A continuación, observe a dónde va el aire cuando respira, si al vientre o a los pulmones. Ahora, inhale expandiendo los pulmones, ya sea dejando que el vientre o el pecho se hinchen. El aire debe entrar suavemente. Olvídese de la nariz. Solo llene sus pulmones.

3. A continuación, exhale comprimiendo el vientre o el pecho y deje salir el aire. Olvídese de la nariz. Cuando se acostumbre a esto, ya no tendrá que empujar la lengua hacia abajo.

4. Siga respirando hasta que su respiración se vuelva tranquila y calmada. Sabrá que ha progresado cuando pueda hacer esto sin esfuerzo.

Respiración embrionaria

1. Respire con el abdomen hasta que su mente esté tranquila.

2. A continuación, invierta la respiración. Tenga en cuenta que esto no es cómodo al principio. Concéntrese en el área de uno o dos centímetros por debajo de su ombligo.

3. Al inhalar, meta el ombligo como si estuviera exhalando. Al exhalar, saque el ombligo como si estuviera inhalando. Continúe respirando de esta manera.

4. Cuando se sienta cómodo, concéntrese en la parte baja de la espalda además de en el estómago.

5. Cuando respire, su vientre se moverá hacia dentro al inhalar y hacia fuera al exhalar. Lo mismo debería ocurrir con la parte baja de la espalda. Lo sentirá si lo está haciendo bien.

6. Piense en su ombligo y en la parte baja de la espalda como una sola cosa, para no dividir su atención en ambos sentidos.

Meditación zen

Esta meditación implica estar en el aquí y el ahora, con atención.

1. Primero, siéntese en una posición cómoda, manteniendo la espalda recta. Si no se siente bien con las piernas cruzadas, puede utilizar una silla. Si se sienta con las piernas cruzadas, siéntese sobre una almohada y asegúrese de estar cómodo. Asegúrese de que el vientre y el pecho no estén comprimidos. Puede mantener la mano sobre las rodillas o los muslos.

2. Inspire, atrayendo el aire hacia usted con el estómago. Con cada exhalación, relaje los hombros. Al inspirar, sienta que respira el prana bueno que le llena de vida y de todo lo bueno. Libere lo malo, los problemas y el estrés con cada exhalación.

3. Ahora que está aún más relajado, concéntrese en su interior. Cuando inhale, en su mente, diga: "aquí". Escuche esa palabra y esté más atento a lo que significa. Está donde está, que es aquí.

4. Exhale y suelte ese pensamiento. Luego inhale y vuelva a escuchar "aquí" en su mente. Aquí, en el suelo o en la mesa. Exhale y suelte el pensamiento. Medite en "aquí" durante unas cinco respiraciones, pero no más de diez. No tenga prisa.

5. Cuando se sienta más conectado a la tierra que al principio, es decir, más consciente de su "aquí", siga escuchando "aquí" al inhalar, pero añada "ahora" al exhalar. Piense en lo que significa el "ahora", el momento actual.

6. Continúe inhalando en el aquí y exhalando en el ahora, contemplando el significado de cada uno. Debería sentirse muy consciente de su existencia. Ahora debería estar en el estado de yo soy.

7. Como práctica independiente, puede continuar con esto durante diez minutos, quince como máximo. Para prepararse para zazen, será mejor hacer esto durante no más de cinco minutos.

Tenga en cuenta que el objetivo aquí no es una mente vacía, sino una mente consciente. Puede ser útil tener una sonrisa suave en la cara mientras se practica para no molestarse o irritarse por todos los pensamientos distractores que surgirán. No es necesario que se obligue a no pensar. El objetivo es liberar su mente de las preocupaciones y estar aquí, y ahora.

Sentarse en zazen

De la técnica anterior, se pasa a esta. Es sencilla, pero no se deje engañar. Se sumergirá en el océano más profundo de su conciencia.

1. Siéntese cómodamente, con la espalda recta, preferiblemente con las piernas cruzadas sobre una pequeña almohada, o una lo suficientemente alta como para mantener su postura erguida. No se siente con las piernas cruzadas si no puede mantener esa posición durante mucho tiempo. Utilice una silla (si es su caso), pero lo ideal es que practique sentarse con las piernas cruzadas a diario. Si el lugar es ruidoso, intente buscar un lugar silencioso y ponga música tranquilizadora.

2. Apoye sus manos en su regazo con las palmas hacia arriba. Deje que su mano derecha cubra la izquierda por debajo, parcialmente. Los pulgares deben tocarse solo por encima de las manos, creando un óvalo. Este es el mudra cósmico o la posición de las manos, que deben situarse solo por debajo del ombligo. Esto le permite a su enfoque permanecer allí además de su respiración. Esta posición situada debajo y solo detrás del ombligo se denomina jardín de la energía, o dan tien.

3. Puede cerrar los ojos si está empezando, pero puede dejarlos abiertos o incluso semiabiertos en el método tradicional. Los practicantes más avanzados tienden a mantener los ojos

abiertos para seguir siendo conscientes y no dormirse. Si mantiene los ojos abiertos o medio cerrados, busque un punto no muy lejano frente a usted para mirarlo en el suelo. Si cierra los ojos y siente que va a la deriva, ábralos de nuevo para volver a centrarse en el ahora.

4. Respire de forma abdominal. No trate de controlar su respiración de ninguna manera. Solo asegúrese de que los pulmones y el vientre están aspirando aire, no la nariz.

5. Observe su respiración. No intente cambiarla. Note como cambia por sí misma.

6. Ahora concéntrese en su nariz mientras el aire entra en sus fosas nasales o concéntrese en su ombligo mientras sube y baja. Visualice el flujo de aire a través de su nariz, a través de sus pulmones, a su dan tien, y hacia fuera otra vez.

7. Ahora cuente sus respiraciones. Una respiración consiste en inhalar o exhalar. Así pues, inhale... uno, exhale... dos, inhale... tres, exhale... cuatro. Continúe hasta que llegue a diez (una exhalación) y luego comience de nuevo en uno (una inhalación). Si se salta algún número, solo tiene que volver a empezar y no preocuparse por ello. Sea paciente y gentil consigo mismo.

8. Deje que surjan imágenes o pensamientos. No trate de suprimirlos. Deje que vayan y vengan, y no se entretenga. Con el tiempo, el ruido cesará. La forma de soltar es no intentar soltar. Solo tiene que retomar su respiración cada vez que se dé cuenta de que se ha desviado. Siga contando sus respiraciones hasta diez y luego vuelva a empezar.

9. Ciertos pensamientos son más persistentes que otros y siguen regresando. Esto no significa que usted esté fallando. No luche contra sus pensamientos. Permítales hacer un hogar en su mente, solo por un rato para que pueda observarlos, pero asegúrese de permanecer consciente de su respiración para que los pensamientos no se apoderen de su mente. Cuando pierdan

energía, puede soltarlos y volver a contar hasta diez. Suelte todos sus pensamientos con una sonrisa cariñosa y suave para no frustrarse ni distraerse.

10. Puede que se dé cuenta de que ha desplazado su conciencia de la respiración a la cuenta sola. En ese caso, vuelva a la respiración. El conteo es una herramienta, no el objetivo principal.

11. Si ha sido capaz de contar del uno al diez y no se ha desconcentrado (algo que puede ocurrir el primer día de práctica o el quincuagésimo primero..., no hay que precipitarse. No hay que apresurarse), ahora puede hacer que cada cuenta abarque tanto la inhalación como la exhalación. En otras palabras, inhala y exhala, y eso es uno. Inhala, luego exhala, y eso es dos, y así sucesivamente.

12. Cuanto más practique (no en una sola sesión, sino a lo largo de varias), mejor será su concentración y se podrá centrar en la respiración sin contar. Cuando note que está perdiendo la concentración, puede contar y luego dejar de hacerlo cuando sienta que vuelve a estar totalmente concentrado en la respiración.

13. Pronto estará en zazen. En este punto, su único trabajo es observar el silencio dentro de usted mientras permanece consciente de su respiración. Es posible que usted reciba revelaciones alucinantes. Serán diferentes de una persona a otra, así que practique para descubrirlas y recuerde ser paciente.

Meditación con mantras

Consiste en repetir su mantra una y otra vez hasta alcanzar el estado de conciencia que le corresponde. Se trata de repetir las palabras hasta que pierdan su significado, llevándole al mismo lugar que el Zen. Elija un mantra cuyo significado comprenda; mejor aún, elija uno en un idioma que entienda. No utilizar el sánscrito no significa que su práctica sea débil. Al fin y al cabo, los creadores de esta práctica entendían su idioma, por lo que los mantras sánscritos tenían un significado profundo para ellos.

Si insiste en utilizar un mantra, el Om o Ang es uno fácil y uno de los más antiguos. Representa el universo y su conexión con él y los poderes que lo controlan. Puede practicar con este mantra diciéndolo en voz alta o entonándolo en su interior, sin emitir ningún sonido externo. Puede pronunciarlo "Ooommm", dando el mismo tiempo a la o y a la m, o puede decir "Ommmmm", dedicando más tiempo a la m, o "Oooooommm", dedicando más tiempo a la o. No importa. Encuentre lo que funcione para usted.

Om en el interior

1. Póngase ropa cómoda y holgada. Siéntese en una posición cómoda, con las piernas cruzadas, las manos sobre los muslos, las palmas hacia arriba, el índice y el pulgar tocándose ligeramente, mientras estira los otros dedos que descansan sobre su muslo. Esta posición de las manos es el mudra de la barbilla.

2. Cierre sus ojos, respire regularmente con el abdomen.

3. Comience a repetir el mantra en su mente a su propio ritmo, dejando que fluya naturalmente. Mantenga su atención en el mantra, no en la respiración. Si se siente cómodo con su respiración sin pensar mucho, puede hacer lo que quiera.

4. Ya sea lento o rápido, permita que Om suene claramente en su mente. Puede hacerlo coincidir con los latidos de su corazón o con su respiración. Puede cantarlo internamente en cada inhalación y exhalación, o puede cantarlo varias veces por respiración. Puede cantarlo solo en la exhalación o en la inhalación. Haga lo que le parezca correcto. Al cabo de unos minutos, el ritmo se ralentizará de forma natural y empezará a desarrollarse. No fuerce esto, ya que sucederá por sí solo.

Cantar Om en voz alta

Se aplican las mismas instrucciones del canto interno, excepto que solo puede cantar el Om en la exhalación, y no debe hacer una pausa entre la inhalación y la exhalación. No trate de controlar su respiración. Deje que el Om fluya en voz baja y consistente durante todo el tiempo que su respiración se lo permita.

Pronto, el canto se hará más largo, tanto en la respiración como en la frecuencia. Su cuerpo comenzará a vibrar, y lo sentirá en su aptitud, boca, dientes, lengua y pecho, así como en toda su cabeza. Esta vibración se traslada entonces a su mente, y sus pensamientos se calmarán. Sus emociones también se equilibrarán.

Meditación Qigong

El Qigong (o Chi Kung) consiste en aprovechar su Chi o Qi, su energía interna y fuerza vital. El Qi es la esencia de la vida. Fluye por las venas y la linfa. Es el aire que respira, la energía utilizada para digerir los alimentos y la energía que obtiene de la comida. Son las cargas eléctricas y los impulsos que fluyen por todas sus células y su cerebro. Es parte de todo lo que funciona para mantenerle vivo y respirando, ya sea físico o no físico.

La esencia de esta meditación es ayudar a que su conciencia de su Qi crezca, para que pueda aprovecharlo y canalizarlo donde sea necesario. También sirve para iluminarle espiritualmente al redirigir la energía de su vientre a su cerebro.

1. Siéntese con las piernas cruzadas y ponga las manos en posición de mudra. Puede sentarse en una silla si le resulta incómodo sentarse con las piernas cruzadas. Mantenga la espalda recta y comience con la respiración abdominal. Puede comenzar con zazen.

2. Asegúrese de que la lengua se apoya en el paladar superior. La mejor posición es aquella en la que su lengua encaja de forma natural. Los dientes y la boca deben estar cerrados, pero no apretados. Esta posición de la lengua es muy importante, ya que

le ayuda a intensificar su meditación. No pasa nada por tragar si lo necesita.

3. Para sentir su qi, respire de forma embrionaria. Si todavía no puede respirar de esta manera, respire abdominalmente. Haga un esfuerzo por dominar la respiración embrionaria, ya que es el método tradicional de respiración para el Qigong.

4. Sea consciente de su dan tien (el punto que se encuentra solo debajo y detrás del ombligo.

5. Si le cuesta concentrarse, puede contar sus respiraciones del uno al diez y luego reanudar la cuenta de nuevo hasta que esté concentrado.

6. Deje pasar cualquier pensamiento que surja. No se entretenga.

7. Continúe observando su dan tien mientras se mueve con cada inhalación y exhalación. El dan tien genera nueva energía con cada compresión de la inhalación y expansión de la exhalación. Observe su dan tien y empezará a sentir esta energía. Por favor, no se apresure ni lo fuerce. Solo tenga paciencia.

Capítulo 5: La respiración mística

Como ya se ha dicho, la respiración es un elemento central en todas las prácticas meditativas. Hay todo tipo de técnicas de respiración que pueden ayudarle en su práctica, y dos de las más importantes ya han sido cubiertas. La respiración bien realizada puede llevarle a alturas inimaginables, y solo tiene que probarla para comprobarlo. Puede que descubra que ha subestimado mucho a sus pulmones todo este tiempo.

La respiración hace algo más que mantenerle con vida. Espiritualmente, respirar de forma correcta puede llevarle a estados superiores de conciencia en los que todas las ilusiones se desmoronan, y usted ve la verdad de toda la existencia. Es interesante observar que en muchas lenguas antiguas (desde el arameo, el latín, el tibetano, y el griego, hasta el hawaiano, el quechua amazónico y el quechua andino) la respiración significa espíritu, vida y alma.

¿Por qué debería aprender a respirar? Aquí tiene siete buenas razones para motivarle:

- Para crecer en conciencia

- Para obtener una mayor comprensión

- Para lograr una curación profunda
- Para recibir visión y claridad en su vida
- Para recargar su cuerpo
- Para eliminar el estrés
- Para conectar con sus guías espirituales

Una mejor comprensión de la respiración

Esta es una práctica muy antigua que comenzó en la década de 1970. Se trata de ser consciente de cómo se respira y de guiar deliberadamente la respiración. El objetivo es mejorar su salud física, transformarla completamente y conectarla con lo místico.

Se pueden practicar muchas formas de respiración, algunas tan antiguas como el pranayama y otras tan recientes como el método de respiración Wim Hof. La respiración es increíble porque tiene un efecto relajante en el sistema nervioso. También le enseña a aceptarse a sí mismo, alivia la depresión, mejora su inmunidad, mantiene la sangre alcalina, reduce la inflamación, mejora el pensamiento claro y le da más concentración. Aumenta la vitalidad y la energía, conduce a la felicidad y a la alegría, potencia la creatividad, ayuda a conectar mejor con los demás, conduce a la comprensión espiritual y a las experiencias místicas, y potencia la conciencia.

Diferentes tipos de respiración

- *Pranayama*: La forma más antigua, que significa "control de la respiración", se compone de técnicas que le permiten liberar el flujo de prana e impulsar su autorrealización con respecto al desarrollo espiritual. Se puede practicar sola o junto con el yoga. Hay ocho tipos de pranayama, pero los más comunes son la respiración de las fosas alternadas (conocida como Nadi Shodhana), la respiración del cráneo (llamada Kapalabjati) y la respiración conquistadora (también llamada Ujjayi).

- *Respiración de renacimiento:* Fue creado en los años 70 por Leonard Orr. Al parecer, había renacido en una bañera, y fue así como se le ocurrió este método de respiración. El objetivo de este método es crear una conexión entre usted y su subconsciente para que pueda soltar cualquier trauma de la infancia que aún le retenga y pasar por un renacimiento que le dé vida y le libere. La manera de hacer este trabajo de respiración es con la respiración circular, y ayuda que alguien entrenado en este método esté con usted. A veces, este trabajo de respiración se lleva a cabo en una bañera, para que pueda tener la experiencia de nacer de nuevo.

- *Respiración holotrópica:* Fue creado por Christina y Stanislav Grof, ambos psiquiatras checos. También lo crearon en los años 70 para ayudar a otros a experimentar una verdadera transformación y curación a nivel interno. Los Grof se inspiraron en su estudio y experiencia de los asombrosos efectos del LSD, por lo que desarrollaron esto después de que la droga fuera prohibida en la década de 1960. Querían encontrar una manera de recrear los efectos del LSD de forma natural sin tener que preocuparse por las prohibiciones legales y los efectos secundarios del consumo de drogas. Para practicar este método, se necesita música rítmica y primitiva y respirar lo más rápido posible durante dos horas como mínimo. Al final, dibuja mandalas con otros participantes y habla de sus experiencias. Se trata de una técnica que es mejor que sea supervisada por un profesional.

- *Respiración Wim Hof:* Un nuevo método basado en los principios de los métodos pranayámicos. Lo desarrolló Wim Hof, un atleta extremo de los Países Bajos, al que también llaman el hombre de hielo por su capacidad de sentirse a gusto con temperaturas ridículamente frías y con baños de hielo durante periodos prolongados. Para él, hay que exponerse al frío, hiperventilar de forma controlada y meditar. Para ello, tendrá que hacer treinta respiraciones poderosas, inspirar profundamente y luego aguantar la respiración durante todo el tiempo que pueda. Cuando ya no pueda hacerlo, exhale, y luego inhale profundamente durante diez o quince segundos, tras lo cual podrá exhalar. Haga este mismo proceso tres veces más.

- *Respiración chamánica*: Una versión moderna del antiguo método de respiración circular que pretende conectarle con el chamán que lleva dentro. Linda Star Wolf, chamán y profesora, desarrolló este método en los años 90. El proceso comienza con una limpieza, un canto y el establecimiento de intenciones. Después, hay que respirar al ritmo de una música primigenia, como los tambores. Algunos practicantes también incluyen prácticas como contactar con su animal espiritual y sanar su chakra durante el trabajo de respiración. Además de entrar en contacto con el chamán que lleva dentro, también podrá experimentar la curación, obtener orientación desde su interior y sentirse más completo.

Su camino hacia el crecimiento espiritual

El trabajo de respiración puede conducir a grandes alturas espirituales. Es importante que antes de empezar cada sesión, deje muy claras sus intenciones. Si no tiene una intención clara, es posible que no note ningún cambio concreto que se produzca a causa de su práctica.

Debe empezar por considerar la cosa con la que tiene más dificultades en la vida en estos momentos, ya sea una relación, su salud, las finanzas o su carrera. El trabajo de la respiración puede ayudarle con lo que sea que esté tratando, no solo deshaciéndose de los síntomas superficiales, sino llegando al corazón mismo del asunto, que a menudo está arraigado en el espíritu.

La respiración es una herramienta útil para alterar la conciencia y conectar con lo divino sin recurrir a las drogas. Puede utilizarla para conectar con el mundo espiritual y así encontrar los descubrimientos más asombrosos, tanto sobre cuestiones específicas de su vida como sobre la vida en general. Solo necesita seleccionar la mejor forma de trabajo de respiración para usted para que pueda cosechar los beneficios del proceso. Así es como se libera todo el dolor y los traumas que han quedado atrapados en usted, sujetándolo y evitando que crezca hasta alcanzar grandes alturas espirituales.

Practicando el trabajo de respiración

Antes de proceder con este trabajo de respiración, debe asegurarse de que usted (y cualquier otra persona que practique con usted) no tiene antecedentes de presión arterial alta, aneurismas, enfermedades cardiovasculares, glaucoma o desprendimiento de retina. También debe tener precaución si se ha sometido a una intervención quirúrgica o a alguna lesión reciente en su cuerpo. Las mujeres embarazadas tampoco deben realizar este trabajo de respiración.

A medida que se practica, se sienten todo tipo de emociones. Puede sentirse sereno, meditabundo, somnoliento, alegre o profundamente relajado. Puede que incluso se encuentre derramando lágrimas al soltar viejos traumas. Algunas personas incluso han experimentado también algunas de sus vidas pasadas. Lo mejor es hacer esto con alguien que sepa lo que está haciendo y que le ayude si necesita algo. Por último, debe saber que puede parar en cualquier momento.

1. Primero, prepare su espacio. Necesitará una esterilla de yoga. Algunas personas colocan una almohada debajo de la cabeza y una manta enrollada u otra almohada debajo de las rodillas. También puede utilizar otra manta para mantener el calor en caso de que tenga frío.

2. No pase de los veinte minutos. Cuando acabe, recupere la respiración y tómese diez minutos después para relajarse tumbado. Asegúrese de tener un temporizador. Tener un compañero también ayuda.

3. Túmbese de espaldas. Ponga las almohadas y las mantas de manera que esté cómodo. Cierre los ojos y relájese durante unos minutos.

4. Inhale profunda y lentamente por el abdomen. Una vez que haya llegado al punto final de la inhalación, exhale enseguida a la misma velocidad. Cuando llegue al punto final de su exhalación, vuelva a inhalar inmediatamente, manteniéndola lenta, constante y profunda. Esto es la respiración circular.

5. Mientras respira, permanezca atento y nunca retenga la respiración. Cuando sus pulmones estén casi llenos de aire, empiece a exhalar, y cuando estén casi vacíos, empiece a inhalar.

6. Descubrirá que su respiración quiere acelerarse, pero no lo permita, porque si lo hace, generará tensión en su cuerpo. Mantenga su cuerpo y sus pulmones bien relajados, para poder seguir respirando de esta manera durante un largo rato.

7. Para la liberación emocional, conviene inhalar y exhalar con la boca. Si se siente más cómodo utilizando la nariz, no hay problema. Después de unos diez minutos, su cuerpo se acomodará a su ritmo. Notará que le hormiguean las extremidades. Probablemente se sentirá eufórico y como si estuviera en un estado de conciencia diferente.

8. Una vez transcurridos los veinte minutos, su compañero debe tocarle suavemente en el hombro, para que pueda empezar a restablecer suavemente su respiración a su ritmo habitual. Observe lo que ha aprendido y cómo se conecta con su realidad actual. Si no tiene un compañero, asegúrese de que su alarma sea un tono suave que lo saque ligeramente de su práctica.

Respiración con fosas nasales alternas

La respiración por fosas nasales alternas también se denomina nadi shodhana. Es una técnica de pranayama que le permite descubrir la paz interior. Si tiene mucho estrés, esta es la práctica para recuperar su vida. También hace maravillas cuando no se siente muy conectado a la tierra o cuando tiene problemas para dormir.

Con la respiración nasal alterna, puede ganar claridad mental y aumentar su concentración. También ayuda a su cuerpo a deshacerse de las toxinas, a limpiar todos los canales de energía y a equilibrar ambos hemisferios de su cerebro.

1. Siéntese en una posición cómoda, con las piernas cruzadas y el trasero apoyado en un cojín.

2. Deje su mano izquierda apoyada sobre su rodilla izquierda.

3. Levante la mano derecha hacia su nariz.

4. Exhale hasta que los pulmones estén vacíos y luego cierre la fosa nasal derecha con el pulgar derecho.

5. Inhale por la fosa nasal izquierda y luego cierre esa misma fosa con sus dedos.

6. Abra su fosa nasal derecha y exhale por ella.

7. Ahora, inhale por su fosa nasal derecha y luego tápela con el pulgar.

8. Abra la fosa nasal izquierda y exhale por ella. Acaba de completar un ciclo de respiración con fosas nasales alternas.

9. Siga así durante cinco minutos, y asegúrese de terminar siempre cada sesión exhalando por la fosa nasal izquierda.

Puede practicar esto cuando quiera, dondequiera que esté, si se siente cómodo. Si quiere, puede hacerlo por la mañana, por la noche o en ambos momentos. También puede utilizarlo para relajarse o concentrarse. Lo ideal es realizar esta práctica cuando el estómago está vacío. No conviene hacerla cuando se está enfermo o cuando las vías respiratorias están congestionadas.

Pruebe a hacer esto antes o después de hacer yoga y vea cómo le funciona. Puede que descubra que su meditación se vuelve aún más profunda y rica al incorporar esta práctica.

El método de respiración 4-7-8

Si alguna vez se encuentra con la necesidad imperiosa de dormir bien o quiere controlar sus emociones o antojos y reducir la ansiedad, este es el método que debe utilizar. También es una gran opción cuando no se tiene suficiente tiempo para entrar en una práctica de respiración realmente profunda. Le permite entrar en contacto con su cuerpo y sus sentimientos y le da a su sistema nervioso un descanso muy necesario.

1. Siéntese en un lugar cómodo, con las piernas cruzadas, y cierre los ojos. Separe los labios ligeramente.

2. Inhale por la nariz durante cuatro segundos.

3. Mantenga su respiración durante siete segundos.

4. Exhale por los labios ligeramente separados durante ocho segundos.

Método de respiración abdominal suave

Lamentablemente, muchas personas respiran solo con el pecho. No consiguen respirar bien con el vientre a menos que estén bostezando o ahogándose en sudor en medio de un entrenamiento con Shaun T. El problema de respirar con el pecho en lugar de con el vientre es que provoca estrés y tensión y hace que su mente esté inquieta. Cuando respira desde el vientre, la mente se centra. Dicho esto, mucha gente se involucra en la respiración abdominal y la convierte en un trabajo duro, olvidando una cosa vital: ¡Tiene que mantenerla suave! Utilizar la fuerza solo provocará más ansiedad y tensión, exactamente lo que no necesita durante su práctica.

Cuando su cuerpo se suaviza durante el trabajo de respiración, el nervio vago se activa. Este nervio se desplaza por el vientre y el pecho hasta el sistema nervioso central y termina en el cerebro. Esta estimulación del nervio ayudará a su cuerpo a relajarse, a disminuir su ritmo cardíaco, a mejorar su presión arterial y su digestión, y a relajar sus músculos y su mente. Su amígdala también se calmará un poco, lo que es estupendo porque esta es la parte del cerebro que le hace enfadarse y tener miedo. El nervio vago es la respuesta al dilema de luchar, congelar y huir al que se enfrentan las personas en situaciones de estrés.

Su nervio vago tiene una rama que conecta con partes de su cerebro que le facilitan la conexión con las personas que le rodean y la formación de vínculos, así que al respirar tan profunda y lentamente como pueda, estimulando su nervio vago, inevitablemente mejorará sus relaciones con los demás como resultado.

Deje de lado todos sus pensamientos que dicen que necesita ser contundente con su respiración cuando esté practicando la misma. El caso con este método es que menos es más. Así que relájese. Imagine si quiere una nube, suave, que no se resiste a los vientos. Así es como quiere que se sienta su estómago. A menudo, la gente aprieta los abdominales para defenderse de las amenazas, ya sean físicas o verbales. Esto le pone inmediatamente a la ofensiva o a la defensiva, lo cual es contraproducente para toda la práctica de la respiración. Cuando se está en esta posición, no se pueden aprovechar los beneficios espirituales y físicos de la respiración abdominal suave. Por lo tanto, haga todo lo posible para liberar su vientre y permitirle solo ser. Si tiene el hábito de retraer su barriga para verse mejor cuando se viste con ropa ajustada, use ropa suelta para esto, y hágalo solo para no sentirse cohibido por su aspecto.

1. Siéntese cómodamente, con las piernas cruzadas y los ojos cerrados.

2. Deje que su estómago se relaje y se ablande. Cuanto más blando esté, más aire entrará en sus pulmones, permitiendo que su cuerpo se beneficie del oxígeno extra.

3. Solo respire abdominalmente, asegurándose de que su estómago se mantiene agradable y suave.

4. A medida que respira, permita que su relajación abdominal se extienda al resto de su cuerpo.

5. Con cada respiración, deje que su cuerpo se sumerja más y más en la relajación.

Haga lo que haga, no realice esta práctica justo después de comer, ya que se quedará dormido. Puede hacerla si tiene problemas para conciliar el sueño. Si la utiliza para acostarse por la noche, no necesitará un temporizador. En cualquier otro momento, es conveniente que lo realice solo durante cinco o diez minutos cada vez.

Respiración de visualización

Hay muchas maneras de visualizar mientras hace el trabajo de respiración. Puede usar cualquier visualización que necesite y que se ajuste a usted y a su personalidad. Estas son sus opciones:

- Visualice cada chakra mientras respira prana hacia ellos.
- Visualice que todo su cuerpo está siendo bañado por la luz a medida que inhala y exhala.
- Visualice que inhala luz y exhala oscuridad, hasta que todo lo que usted es sea luz.
- Visualice que el aire penetra, envuelve y sale de su sistema respiratorio.
- Visualice que la enfermedad y la ansiedad abandonan su cuerpo en cada exhalación.
- Visualice que inhala el dolor de otra persona y luego exhala bondad y amor hacia ella. Esto es tonglen, una práctica budista.

Respiración en triángulo

La respiración en triángulo es la mejor para tratar la ansiedad y los ataques de pánico. La razón por la que funciona tan bien es que se trata de una exhalación más larga.

1. Siéntese en una posición cómoda en un lugar tranquilo.
2. Inhale durante cuatro segundos.
3. Mantenga la respiración durante cuatro segundos.

4. Exhale contando hasta seis.

5. Reanude el ciclo de nuevo, todo el tiempo visualizando un triángulo. Muévase de un punto del triángulo al siguiente con cada respiración.

Respiración cuadrada

Esto es casi lo mismo que el método del triángulo. Si no se le da bien memorizar técnicas, puede centrarse en esta. También es un buen método para que lo practiquen los niños.

1. Póngase cómodo en una posición sentada y asegúrese de que no hay distracciones.

2. Inhale durante cuatro segundos.

3. Mantenga la respiración durante cuatro segundos.

4. Exhale durante cuatro segundos.

5. Mientras inhala y exhala, visualice un cuadrado. Puede moverse de un punto a otro en cada inhalación, retención y exhalación.

Capítulo 6: Inducir estados místicos más profundos

La mayoría de la gente va por la vida sin darse cuenta de que existen todo tipo de estados de conciencia que se pueden percibir. Muchos de ellos tienden a experimentar los estados alterados de conciencia mediante el uso de drogas ilegales y sustancias nocivas, las cuales no son respaldadas por este libro. La buena noticia es que hay formas de experimentar la vida desde un enfoque o estado de conciencia diferente sin poner sustancias dañinas en su cuerpo. Antes de que investigue las formas de experimentar lo místico, necesita aprender sobre los distintos estados.

Trance

Las experiencias místicas a menudo se clasifican en una categoría basada en lo que son y el estado de conciencia experimentado. Un estado de trance es aquel en el que el psíquico reina de forma suprema. En este estado, solo es necesario pensar en algo para obtener resultados que normalmente solo se pueden conseguir utilizando la acción o la fuerza de voluntad.

Cuanto más profundo sea el trance, más se pierden las percepciones que provienen de los sentidos regulares hasta que todo lo que queda es el mundo de lo psíquico. Sus cinco sentidos están muy inhibidos en cuanto a lo que pueden percibir del mundo del trance, y por una buena razón. Fueron diseñados para ayudarle a ver el mundo físico, no el psíquico. Por esta misma razón, a la ciencia le resulta extremadamente difícil aceptar la realidad del trance como el curioso resultado de sustancias químicas sobre las neuronas y como una realidad real. La ciencia comete el error de suponer que los instrumentos físicos diseñados para retroalimentar los sentidos físicos registrarían la realidad de otros estados de conciencia que son todo menos físicos.

En un estado de trance, sus percepciones físicas son limitadas, lo que le permite sumergirse en el mundo desde esa perspectiva sin inhibiciones ni conflictos, por lo que puede ver cosas que normalmente serían molestas si las encontrara en su estado mental "normal" sin asustarse. Cuando se está en trance, se necesita una mente entrenada para ser consciente de que se está en uno, al igual que se necesita práctica para ser consciente de que se está en un sueño. En un estado de trance, incluso las ensoñaciones adquieren la cualidad de ser reales.

Ensueño

Cuando está en un ensoñamiento, muchos sucesos místicos ocurren sin que su conciencia esté inhibida de ninguna manera. Esto significa que ve lo que ocurre más como una revelación que como una realidad. Las visiones que obtiene suelen ser puramente alegóricas y tendrán que ser interpretadas adecuadamente para entender el significado de lo que ve.

Sueños

Los sueños también cuentan como experiencias místicas. Algunos sueñan con el futuro o perciben advertencias y revelaciones cuando se adentran en el país de la-la land. Los sueños son tan antiguos como la civilización y a menudo han servido como premoniciones del futuro, como portadores de mensajes y conocimientos divinos, y como puertas de acceso a partes de la conciencia que no se podrían explorar de ninguna otra manera. Son mucho más que solo "células cerebrales que se relajan después de un duro día de trabajo". Los sueños se producen en un estado de conciencia que no es físico. Se puede considerar que son todo un mundo en sí mismos, que ofrecen una puerta de entrada a otros estados de conciencia a los adeptos que saben cómo soñar con eficacia.

Experiencias cercanas a la muerte (ECM)

Se trata de un estado de conciencia válido, que, como se da a entender, ocurre cuando uno está al borde de la muerte. No se trata de animar al suicidio o a convertirse en cómplice de un asesinato; les ocurre a los que sobreviven a la muerte, y muchos lo describen como el abandono de este mundo por otro. Algunos relatos demuestran que el mundo es, en efecto, multidimensional, y que la vida es más de lo que parece. De nuevo, no se debe intentar inducir este tipo de experiencia mística.

Experiencias fuera del cuerpo (EFC)

También conocida como proyección astral, es un estado de conciencia y una experiencia mística que implica trasladar la conciencia del plano físico al astral. Esto suele ocurrir mediante métodos deliberados, aunque también puede suceder de forma espontánea. En la proyección astral, usted proyecta su conciencia desde su cuerpo físico a su cuerpo astral. A menudo, esto se experimenta como si saliera, flotara o se alejara de su cuerpo físico mientras duerme, aunque, en el gran esquema de las cosas, ese no es el caso.

Su cuerpo astral no está abandonando su cuerpo físico, aunque ese proceso es la interpretación que le da su mente. Lo que sucede es que usted es un ser multidimensional que pasa la mayor parte de su tiempo concentrado en el plano físico, así que cuando experimenta la proyección astral, simplemente está trasladando ese enfoque al plano astral. Esto es algo que ya hace cada noche, aunque si no es un proyector experimentado, o bien se olvida de que lo ha hecho, o se pasa el tiempo persiguiendo la aparente aleatoriedad de cualquier experiencia onírica en la que se encuentre.

Puede inducir deliberadamente este estado concentrándose en forma de una "mente despierta, cuerpo dormido" en el deseo de proyectar y sacar su cuerpo astral de su cuerpo físico, como cuando un fantasma deja su cuerpo en las películas antiguas. En su cuerpo astral, puede visitar lugares del planeta y más allá. Puede descubrir nuevos mundos, consultar los registros akásicos e incluso influir en su vida física desde ese plano para recibir curación, éxito, inspiración y mucho más.

Cinco niveles de trance

Conocerá más detalles sobre los estados de trance cubriendo los cinco niveles de trance.

Primer nivel: Trance ultraligero — En esta etapa de trance, se vuelve muy consciente de lo que sucede en su mente. Se hace consciente de lo que está pensando y sintiendo, tanto en términos de sensación como de emoción. Tiende a entrar en esta etapa de trance cuando se practica la meditación consciente.

Segundo nivel: Trance ligero — En esta etapa, es casi como un sueño. Se pierde en su fantasía o en lo que sea que esté soñando despierto. Cuando está viendo Netflix, o escuchando un podcast, o conduciendo por una ruta muy familiar, está en un estado de trance ligero.

Tercer nivel: Trance medio — En este estado, se siente como si estuviera "en la zona". Es el llamado estado de flujo, en el que pierde la noción del tiempo y de sus necesidades corporales. No recuerda que tiene que comer o ir al baño. Esto ocurre cuando estás inmerso en un trabajo muy creativo del que está disfrutando o cuando estás participando en una actividad que le emociona sin parar.

Cuarto nivel: Trance profundo — No hay que confundirlo con su lista de reproducción de Spotify, este es el nivel de trance que ocurre cuando está dormido y experimenta la hipnagogia, que es cuando las imágenes comienzan a formarse en la pantalla en blanco de sus ojos cerrados solo antes de los sueños. Este estado suele ser fugaz y se necesita práctica para mantenerlo. Comienza con colores y formas extrañas y arremolinadas, y luego pasa a crear imágenes extrañas que son la base de un sueño. A veces, esto puede ir acompañado de la sensación de ser tocado, o incluso de sonidos, como el de alguien cantando, riendo, su nombre o una conversación que está escuchando.

Quinto nivel: Trance ultraprofundo — En esta etapa, no tiene ninguna conciencia. Es lo mismo que estar dormido con el cerebro en el estado delta, donde es profundo y sin sueños. Si quiere hacer cualquier trabajo místico o espiritual, no hace falta decir que quiere estar en cualquier nivel del dos al cuatro.

Diferentes formas de alterar su conciencia

Método nº 1: Meditación — A estas alturas, ya sabe que la meditación consiste en sentarse en silencio y estar atentamente en el aquí y ahora. He aquí cómo utilizarla para alterar su estado de conciencia.

1. Siéntese en una posición cómoda en un lugar tranquilo donde pueda tener al menos treinta minutos de paz. Puede sentarse en una silla o sentarse con las piernas cruzadas en posición de loto si le resulta cómodo. Si utiliza una silla, mantenga la columna vertebral recta, pero permanezca relajado, no rígido.

2. Coloque sus manos sobre su regazo, cruzadas. Puede poner las manos en su mudra preferido o simplemente tener las palmas hacia arriba para permitir que la energía fluya dentro y a través de usted.

3. Siéntese en silencio durante quince o veinte minutos. Cuanta más experiencia adquiera, más tiempo podrá sentarse.

4. Mantenga los ojos abiertos si es propenso a quedarse dormido durante la práctica. Mantenga su mirada en un punto del suelo solo unos metros más adelante. No mire fijamente, solo

deje que sus ojos se posen en el lugar. Tiene que ver sin mirarlo realmente. Luego, apunte su conciencia hacia el interior.

5. A medida que medita, notará que su concentración y enfoque siguen mejorando, si no en una sesión, a lo largo de varias sesiones. No lo fuerce.

6. Puede cantar el mantra Om o cualquier otro mantra que desee. Si lo desea, puede empezar contando para centrarse.

Método nº 2: Observación — Con este método, solo va a mirar fijamente algo y continuar con ello pase lo que pase. Aquí es muy fácil alcanzar otro estado de conciencia sin usar drogas. En su mayor parte, la gente tiende a experimentar una gran cantidad de conciencia alterada a través del sentido de la vista, pero puede experimentar esto fácilmente con sus otros sentidos.

1. Elija un objeto, como una pelota pequeña, una flor o una cuchara.

2. Lleve ese objeto a un lugar donde pueda estar a gusto y no se distraiga ni se moleste.

3. Relájese y póngase en un estado mental en el que lo único que le importe sea ese objeto que tiene en la mano.

4. Sostenga el objeto frente a sus ojos, a unos 15 centímetros de distancia, o tan cerca como pueda para tener un enfoque nítido sobre él.

5. Ahora, mire ese objeto y continúe haciéndolo. Este es el reto: ADHERIRSE A ÉL.

6. Haga todo lo posible por no parpadear. Sí, parpadeará, pero haga todo lo posible para asegurarse de que tiene largos períodos en los que no lo hace, para que su enfoque en el objeto elegido permanezca intacto.

7. No se mueva, por mucho que lo desee. Solo mantenga la mirada fija en el objeto.

8. Cuando hayan pasado cinco minutos, se dará cuenta de que se han producido algunos cambios en el objeto y en su fondo. El lugar donde termina la cuchara y comienza el fondo se difuminará.

9. También notará que los objetos del fondo empezarán a difuminarse y a tener un aspecto extraño. Continúe enfocando y podrá notar algo de movimiento e incluso rostros.

Tenga en cuenta que debe utilizar algo pequeño, que le dé mucho espacio de fondo para trabajar. Puede utilizar un trozo de papel blanco. Otra versión de esto es simplemente que mire su reflejo en el espejo sin parpadear. También puede intentarlo con otra persona, mirándola fijamente. Ambos experimentarán un estado alterado de conciencia al mismo tiempo. Solo asegúrese de elegir un compañero que respete lo místico, que se sienta cómodo con usted y que no estalle espontáneamente en risas porque no se está tomando la práctica en serio.

Método nº 3: El torbellino Derviche — Puede que le preocupe lanzarse o algo así, pero estará bien. No hay nada peligroso en el giro cuando lo hace correctamente.

1. Salga al exterior. Encuentre un lugar hermoso con suelo blando para que pueda caer con seguridad. Asegúrese de que no haya nada cerca de usted que pueda hacerle daño.

2. Póngase en un lugar y quédese quieto por un momento, con los ojos cerrados.

3. Ahora, comience a girar en sentido contrario a las agujas del reloj, sin importar cuál sea su mano dominante.

4. Utilice un pie para impulsarse en el suelo y el otro para darse equilibrio.

5. Puede girar como lo hacen los sufíes, con las manos extendidas como si fueran alas, los dedos de la derecha apuntando hacia arriba para permitir que la energía fluya desde

arriba, y los dedos de la izquierda apuntando hacia abajo para compartir esa energía con todos los que le rodean.

6. Mientras gire, tome nota de los latidos de su corazón. Siéntalo de verdad.

7. Visualice o sienta que su corazón genera una energía mística profunda y poderosa.

8. Si se cae, solo tiene que levantarse y seguir girando.

9. Si descubre que no puede continuar, solo deténgase y permítase tumbarse en el suelo en una postura de cadáver o Savasana, de espaldas, con los brazos apuntando hacia abajo y alejados del cuerpo, con las piernas abiertas. Ahora puede abrir sus ojos si lo desea. Si la sensación es demasiado intensa, manténgalos cerrados y sienta cómo la energía de la tierra le conecta con ella.

Método nº 4: Autohipnosis — Este es un método fácil. Necesitará un objeto en el que concentrarse para hipnotizarse. Puede usar cualquier cosa, pero considere usar una vela.

1. Lleve una vela a un lugar donde nadie lo moleste y enciéndala.

2. Elija una frase, un mantra o una palabra clave que utilizará para hipnotizarse. Puede ser cualquiera de las siguientes: *Más profundo, más bajo, más lento, más lejos, más, ahora, pesado, avanzo más profundo, estoy más relajado, o mi trance es cada vez más profundo*. El objetivo es convencerse de que ahora está en trance.

3. Puede tumbarse o sentarse y luego mirar su vela. No tiene que mirarla fijamente durante largos intervalos. Solo está allí para que se centre y pueda pasar de una conciencia normal de vigilia a un trance.

4. Mientras observa la llama, instrúyase a sí mismo de la siguiente manera: "Me está entrando sueño . . . Tengo mucho sueño. Mis ojos se vuelven pesados. . . más pesados con cada

respiración. Me estoy deslizando hacia abajo, hacia abajo y hacia adentro. Mis ojos se están cerrando. . . Es difícil mantenerlos abiertos". Mientras se instruye a sí mismo de esta manera, asegúrese de que está tomando agradables y profundas respiraciones con el vientre.

5. Cuando sus ojos comiencen a cerrarse, estará a punto de entrar en un estado de hipnosis. Es entonces cuando debe utilizar su palabra clave o frase del segundo paso. De esta manera, su trance se hace más profundo. Aférrese a su palabra clave, repitiéndola una y otra vez, permitiendo que lo lleve aún más profundo.

6. En este punto deberá relajarse. Mientras pronuncia su palabra clave, mueva su conciencia alrededor de su cuerpo, escaneando en busca de tensión. Comience por la parte superior de la cabeza, bajando lentamente por la cara, el cuello y así sucesivamente. Cuando encuentre un punto tenso, deténgase en él, relájelo y siga adelante. Siga así hasta que su cuerpo esté relajado, y su trance será aún más profundo.

7. Ahora es el momento de contar hacia abajo, del diez al uno. Mientras cuenta, sienta que se adentra cada vez más en su interior. Permita que sus ojos caigan con el peso.

8. Concéntrese de nuevo en cada parte de su cuerpo. Esta vez, deberá sentir que su cuerpo se vuelve cada vez más pesado. Todas sus extremidades deben ser pesadas.

9. A continuación, debe eliminar el peso de sus extremidades para que se sientan como nubes flotando. Sienta que está flotando hacia arriba y lejos, yendo más profundo, más alto, más lejos.

10. Si está listo para salir de este estado, simplemente instrúyase diciendo: "Ahora terminaré mi trance y volveré a subir". Cuando salga de él, notará que se siente con energía, renovado y listo para lo que sea.

Esta es una herramienta increíble que puede utilizar cuando quiera mejorar su concentración, deshacerse de malos hábitos o desterrar el insomnio. Debe tener en cuenta que, si es escéptico o tiene malas expectativas desde el principio, esto arruinará sus resultados. También debe asegurarse de estar relajado porque si no lo está, tampoco obtendrá grandes resultados. Espere grandes resultados, esté relajado, manténgase positivo, y disfrutará de su sesión de auto-hipnosis.

Método nº 5: Cantar sin parar — Este método implica una melodía particular utilizando varias frecuencias. Funciona de la misma manera que los cantos, cambiando su patrón de respiración y creando vibraciones en su interior.

1. Diga "Ah". Abra la boca ampliamente como si estuviera a punto de hacerse un examen dental.

2. Comience diciendo "Ah" en voz alta, con fuerza.

3. Convierta ese "Ah" en una melodía y continúe cantándolo. No se preocupe por lo bien o mal que suene: el objetivo es seguir cantando.

4. Cambie los tonos de su canción "Ah" de alto a bajo y juegue con la intensidad.

5. Haga esto durante veinte minutos y debería entrar en un estado alterado.

Método nº 6: Ayuno — Hay muchos tipos de ayuno, pero el objetivo principal es la abstinencia de alimentos y a veces de agua, como en el caso del ayuno seco. El ayuno es algo muy saludable, pero nunca debe hacerse sin supervisión médica. Ayuda a limpiar su cuerpo y le da claridad mental.

Quizá no lo sabe, pero es posible pasar días sin comer y más de tres días sin agua. Un ayuno seco prolongado, que dure más de un día, es mucho más peligroso que un ayuno en el que se pueda beber agua, así que no lo practique sin supervisión médica. Además, el ayuno seco es mejor dejarlo para los ayunantes experimentados. Si tiene un trastorno alimenticio, por favor no utilice este método para alterar su estado de conciencia. Solo debería ayunar si goza de buena salud corporal y mental.

1. Empiece por aprender a comer solo dos veces al día, especialmente si siempre hace tres comidas al día. Puede saltarse el desayuno y no sufrirá por ello, en contra de la mentira propagada por las empresas de cereales para el desayuno sobre que "¡es la comida más importante del día!". No lo es.

2. Una vez que se acostumbre a comer dos veces, pase a hacer una sola comida al día, lo que se llama ayuno OMAD.

3. Cuando se haya acostumbrado a ello, añada tiempo gradualmente. Ayune durante veinticuatro horas, y luego, cuando se haya acostumbrado, pruebe con ayunos de 48 horas.

4. Salga siempre del ayuno con una dieta ligera de pescado y verduras fáciles de digerir, con una pequeña porción de fruta.

5. Cuando se haya acostumbrado a los de 48, pruebe con un ayuno de tres días. Por lo general, el hambre tarda unos tres días en desaparecer, y luego habrá una película blanca en su lengua. Esto es normal.

Cuando llegue a la marca de 72 horas, a menudo sentirá un estado de ánimo diferente. Tendrá la mente muy clara, más clara que nunca. Su mente se mueve rápidamente. Su sentido de la vista y del olfato se agudizan ridículamente, como los de un cazador que busca una presa para matar y comer. Es consciente de sus carencias en la vida y de lo que debe hacer para cambiarlas y poder avanzar. Si puede ayunar, inténtelo sin falta. No se arrepentirá de nada y conseguirá una figura más favorecedora. Asegúrese de no realizar ninguna actividad extenuante y de no tener mucho que hacer durante sus ayunos para que pueda obtener resultados óptimos. Además, haga una reposición correcta para que no se desmaye ni le dé diarrea.

Hablando de estómagos que sufren de diarrea. . . Cuando esté ayunando, nunca, NUNCA confíe en su estómago. Asuma que hay algo con un poco más de *sustancia*. Entonces, busque un baño para estar doblemente seguro. Si se siente agotado antes de llegar a la marca de 72 horas, asegúrese de obtener electrolitos sin complicaciones. Pruebe la mezcla de electrolitos en polvo de Snake Diet, que es muy cómoda de usar. Los electrolitos le darán energía durante el ayuno. Si no puede conseguirlos, solo consiga un poco de sal rosada del Himalaya o sal normal como bocado.

Método nº 7: Cantar mantras — Cantar puede llevarle a un estado alterado fácilmente, con resultados impresionantes. Mientras canta, también aprenderá a controlar mejor su respiración e infundir su cuerpo con más oxígeno. Según Bernard Aaronson, puedes cantar su nombre, dibujando cada sílaba, y luego haciendo una pausa para tomar una respiración antes de repetirlo. Si lo prefiere, puede seguir con mantras como el popular y poderoso Om o los mantras de los chakras.

1. Siéntese cómodamente en un lugar donde no le molesten durante 35 minutos.

2. Cierre los ojos, concéntrese en su chakra base y cante Lam durante los siguientes cinco minutos, respirando profundamente entre cada canto y expulsando todo el aliento inhalado con el canto. Sienta la energía en este chakra.

3. A continuación, mueva la energía de su chakra raíz hacia arriba mientras canta Vam durante los siguientes cinco minutos, centrándose en el chakra sacro.

4. Cante Ram durante cinco minutos, con su conciencia en su chakra del plexo solar.

5. Cante Yam durante cinco minutos mientras se concentra en su chakra del corazón.

6. Cante Ham durante cinco minutos y mantenga su conciencia en su chakra de la garganta.

7. Cante Om durante cinco minutos y concéntrese en el chakra del tercer ojo.

8. Ahora sea consciente de su chakra de la corona mientras se sienta en silencio durante cinco minutos, respirando profundamente.

9. Recuerde mover su energía hacia arriba a través de su columna vertebral, a través de cada chakra, y deje que todo llegue a su cabeza.

Capítulo 7: Desarrollar las habilidades psíquicas - Abrir el tercer ojo

Su chakra del tercer ojo está justo en su frente, un poco por encima y entre sus cejas. Se llama Ajna (o Dvidak Padma). Es responsable de la intuición y la previsión, y funciona cuando se permite estar abierto y comprometerse con la imaginación constantemente. Según la metafísica del yoga, es el punto medio en torno a su "yo", que se distingue de todos los demás en el mundo. Su color es el púrpura y recuerda a la luz de la luna.

El símbolo de este chakra es el Om. Krishna, el dios de la sabiduría en el hinduismo, supervisa este chakra. Cuando se canta Om, se estimula el Ajna, lo que ayuda a concentrarse, permite tomar conciencia de la divinidad que hay en toda la vida, lo que no es de extrañar, ya que el Om es la semilla de la que brota toda la creación.

Además, dentro del símbolo hay un triángulo invertido y la flor de loto, que representa la sabiduría. El triángulo es una representación de la sabiduría en flor, que crece dentro de nosotros. Representa la ampliación de la visión, que se acerca cada vez más a la iluminación espiritual. La flor de loto está relacionada con Brahma, el dios de la creación en el hinduismo. Representa la belleza de la vida, la fertilidad, la prosperidad en todos los asuntos y la eternidad. Ajna es un chakra que se compone de matices añiles y de tonos azules y violetas profundos. Cuando estos colores se juntan, comunican misterio, sabiduría, fe, lealtad y realeza.

Este chakra está conectado con la glándula pineal, que tiene forma de pequeña piña y está en el cerebro. Es la responsable de crear la melatonina en el cuerpo, por lo que puede dormir y despertarse en el momento adecuado, suponiendo que escuche a su cuerpo.

Cuando su Ajna está desequilibrado, no puede ver con claridad y le cuesta pensar con claridad. Cualquier cosa espiritual o mística, la desecha sin más. No puede ver el panorama general y se obsesiona tanto con los pequeños detalles que es difícil tener fe y confiar en que las cosas saldrán bien.

Cuando está demasiado activo, su Ajna no recibe apoyo de los otros chakras, por lo que se pierde en un mundo de ilusión y mera fantasía. Tiene problemas para aclarar a dónde quiere ir en la vida, ya que no tiene visión con su chakra fuera de control. Por lo tanto, debe asegurarse de que este chakra permanezca equilibrado en todo momento. Cuando está desequilibrado, está fuera de contacto con la realidad y está más cerca de acabar en una camisa de fuerza, cuanto más tiempo deje que eso ocurra. Por mucho que el mundo físico sea ilusorio, usted está aquí y forma parte de él, por lo que sería prudente honrarlo como una realidad propia. Debe vivir una vida que mezcle lo espiritual y lo físico y que no favorezca a uno sobre el otro.

Es necesario lidiar con otros problemas cuando este chakra está desequilibrado porque se siente mucho miedo cuando se ven visiones, lo que le agota física, emocional y mentalmente. También tendrá que lidiar con insomnio, náuseas, convulsiones, problemas de sinusitis, problemas de visión y terribles dolores de cabeza. Más adelante en este capítulo, aprenderá qué hacer para abrir su tercer ojo y mantenerlo en equilibrio.

La glándula pineal

Esta glándula es la que conecta lo físico con lo espiritual. Puede ayudarle a despertar sus habilidades espirituales y a utilizarlas para lo que desee. Es la fuente de la energía etérea, que necesita para desarrollar plenamente sus talentos psíquicos. La glándula pineal también trabaja con su hipotálamo, otra glándula que maneja la sed, el hambre, el deseo sexual y su reloj biológico. Es el tercer ojo y trabaja en conjunto con la glándula pituitaria.

Su Ajna es la razón por la que se inspira, expresa la creatividad, obtiene la sabiduría y la perspicacia que otros no tienen, conecta con los seres de otro mundo y tiene el sentido de la visión. Con este chakra, puede ponerse en contacto con su intuición, ejercitar sus habilidades psíquicas de clarividencia, clariaudiencia, e incluso más. Lo utiliza para ver las auras y otras formas de energía a su alrededor.

Cuando se despierta este chakra, tendrá un rico mundo interior en cuanto a su percepción. Verá visiones, que dependen de su forma de recibirlas. A veces las visiones son borrosas; otras veces, son nítidas y claras.

La sangre fluye más hacia la glándula pineal que hacia cualquier otro órgano del cuerpo, y también está envuelta por el líquido cefalorraquídeo. Tiene mucha melatonina en altas concentraciones. Esta melatonina es un antioxidante que combate el estrés y el envejecimiento. También es la razón por la que tiene un buen sueño nocturno. Supervisa su estado de ánimo, su inmunidad y sus ritmos circadianos. Es una glándula fotosensible, lo que significa que la luz y la oscuridad la afectan, especialmente en lo que respecta a la producción de melatonina. La luz le impide crear melatonina, mientras que la oscuridad la estimula.

Cuando la glándula inunda su sistema con melatonina, esta se mueve por el cerebro y luego se dirige a los vasos sanguíneos para llegar a todas las partes del cuerpo. Si no recibe una cantidad adecuada de melatonina, sufrirá cambios de humor, depresión y otros trastornos propios de las estaciones del año. La melatonina también es responsable de ayudar a descomponer las sustancias químicas de su cerebro, como la pinolina y el DMT, que se encargan de los procesos físicos y emocionales.

Despertar el Ajna

La gente piensa que una vez que se despierta este chakra, eso es todo. Sin embargo, tiene que aprender a mantenerlo abierto, lo que significa que debe estar en casa realizando una relajación controlada y con una conciencia suave pero enfocada, que es la única manera en la que puede ver más allá de las ilusiones del mundo físico y obtener un verdadero conocimiento y visión sobre lo que está sucediendo.

Habilidades psíquicas

Las habilidades psíquicas están fuera del ámbito del mundo de la acción. Son actividades que solo ocurren en un espacio paranormal o sobrenatural, por lo que, desgraciadamente, la ciencia, en su mayor parte, las desacredita. Una vez más, la ciencia se opone tan rotundamente a la realidad psíquica porque los científicos, curiosamente, intentan medir lo no físico utilizando instrumentos creados específicamente para medir solo fenómenos físicos basados en la observación con los sentidos físicos. Ese es un tema para otro día, pero por ahora, aquí hay una lista de habilidades psíquicas que podría tener ahora mismo y no ser consciente de ellas:

Proyección astral: La capacidad de explorar todos los otros reinos de la conciencia y físicos proyectando su conciencia desde el plano físico al plano astral a través de la separación del cuerpo astral de su cuerpo físico.

Lectura del aura: Esto es ser capaz de percibir el aura de alguien o la suya. Es la capacidad de leer la energía de una persona o cosa y saber inmediatamente lo que le molesta o lo que está por hacer ahora.

Escritura automática: Una forma de escribir sin ningún tipo de pensamiento, a nivel consciente. Es una forma de canalización, en la que usted sirve de médium para que algún otro ser transmita su mensaje.

Bilocación: La capacidad de estar en dos (o más) lugares al mismo tiempo.

Canalización: Este proceso consiste en permitir que un espíritu (o alguna otra entidad) transmita su mensaje a través de usted permaneciendo abierto. Entre los canalizadores más populares se encuentran la difunta Jane Roberts (que canalizó a Seth), Darryl Anka (que canalizó a Bashar), Roxanne (que canalizó a Bashar, Abraham, el Colectivo y muchos otros) y Esther Hicks, que canalizó a Abraham (Abraham-Hicks para ser precisos, ya que otros canalizadores dicen hablar en nombre de Abraham).

Clairaliencia: La capacidad de oler cosas que otros no pueden porque el olor no es de origen físico.

Clariaudiencia: La habilidad de escuchar cosas fuera de la percepción humana.

Claircognición: La capacidad de saber cosas que otros no captan. Es un conocimiento instantáneo e inexplicable, a menudo sin una razón lógica de por qué debería saber esa información. No es una información a la que se llega a través de un razonamiento deductivo o de conjeturas.

Clairgustancia: La capacidad de saborear cosas que están fuera de la percepción humana.

Clairsentiencia: La capacidad de percibir cosas que otros no pueden. Por ejemplo, puede ser capaz de percibir la presencia de un ser que otros no perciben.

Clarividencia: La capacidad de ver cosas que existen fuera de la percepción humana normal. No debe confundirse con las alucinaciones.

Adivinación: La capacidad de obtener una visión y un conocimiento de las circunstancias utilizando rituales u otras herramientas.

Radiestesia: Con esta habilidad, puede encontrar un objeto sin importar dónde se encuentre.

Curación: Puede curar estados de salud mediante el uso de energía. También puede curar las heridas emocionales y mentales de esta manera.

Levitación: La capacidad de flotar o volar.

Precognición: La capacidad de saber lo que va a ocurrir en el futuro. No se basa en el razonamiento lógico deductivo, sino que se asemeja a un conocimiento inexplicable y puede ir acompañado de sueños y visiones.

Psicoquinesis: La capacidad de mover objetos utilizando energía mental.

Psicometría: La capacidad de obtener información sobre alguien, algo, un evento o un recuerdo, solo tocando un objeto relacionado con cualquiera de ellos.

Retrocognición: La capacidad de percibir eventos que sucedieron en el pasado cuando ni siquiera estuvo allí. De nuevo, esto no se basa en el razonamiento deductivo o en las conjeturas.

Adivinación: El uso de una herramienta para ver el futuro o ver el camino por delante de usted en términos de influencia.

Telepatía: La capacidad de comunicar palabras, pensamientos y sentimientos desde su mente a la mente de otra persona, así como ser capaz de leer lo que otras personas están pensando.

Entonces, ¿Cómo puede descubrir las habilidades que tiene? ¿Cómo comenzar a desarrollarlas? Abriendo su tercer ojo. Ahora, ¡es el momento de empezar a hacerlo!

Abrir el tercer ojo

1. *Aprenda a silenciar su mente.* Puede hacerlo mediante la meditación, pasando más tiempo en la naturaleza o creando arte. Necesita una mente tranquila para interpretar la información que viene del otro lado.

2. *Trabaje en su intuición.* Esto significa que necesita practicar la confianza en su instinto cada vez más para que pueda empezar a recibir mensajes más claros de él. Puede consultar los horóscopos y las cartas del tarot para empezar.

3. *Permítase ser creativo.* A medida que se vuelve creativo, su mente racional se afloja, dejando de lado su firme control sobre la parte de usted que sabe más de lo que podría esperar saber. Déjese llevar por la imaginación y permita que le guíe. Esto estimula su tercer ojo.

4. *Permanezca siempre con los pies en la tierra.* Si no lo está, puede que los mensajes que reciba sean muy preocupantes. Visualice la energía de la tierra subiendo desde el suelo, fluyendo hacia su cuerpo a través de los pies y enraizando su inestabilidad.

Ahora, entraremos en la glándula pineal y lo que tiene que ver con el despertar de su tercer ojo. Mientras que la glándula pituitaria es la glándula maestra, ya que controla todas las demás glándulas y las hormonas que se generan en el cuerpo, la glándula pineal se encuentra a la altura de los ojos y justo en el centro del cerebro, por encima y detrás de la glándula pituitaria. Es responsable de toda la percepción extrasensorial y de sus experiencias místicas y poderes psíquicos. Esto es lo que necesita hacer para potenciar su función:

1. *Meditar.* Cuanto más medites, más se estimula esta glándula y su sistema nervioso se mantiene equilibrado.

2. *Salir y tomar el sol tan a menudo como pueda.* La luz del sol es una gran manera de despertar esta glándula. Puede intentar tomar el sol, incluso al amanecer y al atardecer. Bajo el brillante

sol de la tarde, puede cerrar los ojos y levantar la cara hacia el cielo, concentrándose en el chakra de la frente.

3. *Pase tiempo en la oscuridad.* Esto significa que todas las luces están apagadas. Cuando hace esto, su glándula pineal segrega dosis saludables de sus hormonas y se mantiene sana y activa.

4. *Coma alimentos limpios y buenos.* Abandone la comida basura y asegúrese de que no come cenas pesadas. Limite sus comidas a las seis de la tarde como máximo.

5. *Practique el tapping.* Dé golpecitos en el chakra del entrecejo, en la frente. Al hacerlo, las vibraciones despiertan la glándula pineal y ponen en marcha la glándula pituitaria y el hipotálamo.

6. *Respire correctamente para fomentar un mayor flujo de líquido cefalorraquídeo.*

7. *Apriete sus ojos para activar la glándula pituitaria.* Apriete sus mejillas para que las bombas craneales también se pongan en marcha.

8. *Cante con frecuencia para poner en marcha el líquido cefalorraquídeo y la melatonina.*

9. *Ríase y sonría tan a menudo como pueda.* Esto abre sus chakras de la corona y del corazón, permitiendo que fluya más luz divina a través de usted, impulsando el chi y el flujo sanguíneo, lo que también activa su glándula pineal.

10. *Presione su lengua contra su paladar.*

11. *También puede despertar la glándula simplemente siendo consciente de su chakra del tercer ojo y manteniendo su conciencia en él durante diez o quince minutos todos los días.*

12. *Use colores que representen su chakra del tercer ojo.* También puede asegurarse de que su espacio esté lleno de colores dentro del mismo tono.

13. *Coma alimentos que sean naturalmente azules y morados.* Si lo desea, puede hacer un zumo con ellos.

14. *Comience a llevar un diario de sueños.* Cuanto más escriba sus sueños, más recordará y más se abrirá su tercer ojo.

15. *Utilice aceites esenciales para limpiar su chakra.* El pomelo, la nuez moscada, la mirra, la manzanilla alemana o romana y el sándalo hacen maravillas.

Sus piedras Ajna

Utilice piedras preciosas, piedras curativas y cristales para abrir y equilibrar su chakra. Cada piedra tiene características, energía y usos únicos. Aquí hay algunas piedras que debería considerar usar para su tercer ojo:

- *Fluorita púrpura*: Esta es una piedra semipreciosa que le da claridad de pensamiento y mejora su enfoque. Le ayuda a estar más en contacto con su intuición y destierra activamente toda la negatividad. Puede utilizarla para equilibrar su Ajna o estimularlo.

- *Obsidiana negra*: Le ayuda a eliminar todos los bloqueos en sus chakras y disipa toda la energía negativa. Le dará más control sobre sus emociones. Le aporta equilibrio y estimula su Ajna.

- *Moldavita*: Esta piedra de color verde oscuro es estupenda para potenciar el recuerdo de sus sueños y darles claridad. Puede equilibrar todo su sistema de chakras, eliminar la negatividad, aportar equilibrio, estimular sus chakras y mantenerlos limpios.

- *Amatista*: Viene en tonos que van desde el púrpura oscuro al claro. Es una piedra que trae curación, le mantiene a salvo de todo daño, y le trae sabiduría. Le devolverá el equilibrio, estimulará su tercer ojo y lo abrirá.

Haga todo lo que pueda para estimular su tercer ojo, y con el tiempo, comenzará a desbloquear sus habilidades psíquicas. Continúe trabajando con estas habilidades, ya que se fortalecen con la práctica constante.

Capítulo 8: La manifestación mística - La (verdadera) ley de la atracción

No se puede aprender el tema del misticismo sin hablar de la ley de la atracción. En pocas palabras, esta ley establece que los elementos de energías similares se atraen entre sí. Es básicamente "los opuestos se atraen" invertido. Seguro que ha pensado en los orígenes de esta ley y en cómo ha cambiado o no a lo largo de los siglos. ¿Se entiende ahora mejor esta ley en cuanto a su uso para manifestar la realidad que deseamos?

El hecho es que no hay mejor manera de aprender sobre la ley que ponerla en práctica uno mismo. En este capítulo se habla de ello, pero primero hay que profundizar en los orígenes de la ley de la atracción y de dónde viene la idea de manifestar sus deseos. Verá la ciencia real detrás de esta ley y cómo su significado se ha transformado a lo largo de los años.

La historia de la ley de la atracción

La ley tiene sus raíces en el misticismo oriental. En ese entonces, no se le llamaba "ley de la atracción". Se podía encontrar tanto en las enseñanzas cristianas como en las budistas. Según Buda, las personas son la suma de sus pensamientos. Según Jesús, todos podemos crear cosas asombrosas y maravillosas para nosotros mismos.

La mayoría de la gente cree que, de alguna manera, las personas siempre han conocido esta ley, ya que siempre les ha afectado desde que eran bebés. La única razón por la que tomaron conciencia de esta ley fue gracias a Madame Helena Petrovna Blavatsky.

Durante el siglo XIX, nació el movimiento del Nuevo Pensamiento, y esto es lo que llevó al concepto de manifestación al estrellato. Ciertos autores fueron muy decisivos en el crecimiento y desarrollo de esta idea, y sería negligente no reconocer todo el trabajo que Madame Helena Blavatsky y Thomas Troward hicieron para que la idea sea aún más clara en la actualidad.

Blavatsky recorrió varios países durante el siglo XIX, dando su orientación sobre la ley de la atracción y otros asuntos espirituales. Todo el mundo sabía que tenía talentos espirituales. Trabajó con sus conocimientos sobre antiguas prácticas religiosas para escribir el secreto original, titulado *La Doctrina Secreta*. Todo lo que ella escribió es ahora parte de lo que se conoce como la "ley de la atracción" hoy en día. Desde su punto de vista, la forma en que las personas piensan sobre quiénes son y cómo se identifican a sí mismas es responsable de la vida que viven y de las cosas que han logrado hasta ahora. Para ella, todo el mundo puede cambiar su realidad y liberarse de las limitaciones.

Propuso que el mundo que le rodea se crea primero dentro de usted, y bajo esa luz, no hay razón para tener miedo de las cosas que le molestan porque todos los problemas son oportunidades de grandeza disfrazadas. Solo tiene que estar dispuesto a desarrollarse para experimentar la seguridad y el éxito que desea.

Thomas Troward también hizo un buen trabajo en el siglo XIX que afecta a cómo la gente ve la ley de la atracción hoy en día. En su época, se le llamaba el "cristiano místico". Junto con Madame Blavatsky, era partidario de crecer espiritualmente buscando las enseñanzas de una amplia gama de religiones y tradiciones.

Troward consideraba que la mente tenía una función divina. Para él, la única razón por la que alguien está limitado es porque cree que lo está. Por consiguiente, creer en su naturaleza ilimitada le llevaría a obtener mejores resultados en cualquier cosa que se proponga. También creía que sus pensamientos y acciones deben ser congruentes. En otras palabras, no basta con pensar en una cosa y hacer lo contrario. Debe actuar de manera que se alinee con lo que profesa o dice creer.

A principios del siglo XX, la ley de la atracción comenzó a difundirse rápidamente. Muchos autores empezaron a publicar sus ideas sobre la ley y cómo utilizarla para manifestarse. Algunos de ellos fueron, por supuesto, más destacados que otros. Sin embargo, todos ellos contribuyeron a la comprensión de la idea en la actualidad y fueron responsables de muchas de las terminologías utilizadas.

Para William Walker Atkinson, era importante que el profesional del derecho se centrara en mejorar su enfoque, su fuerza de voluntad y su magnetismo para permitir que entrara el bien en su vida. Este hombre escribió más de cien libros a lo largo de su vida, y todo ello mientras ejercía la abogacía. No quería otra cosa que enseñar a la gente a utilizar la ley de la atracción y siempre pedía a los lectores que desarrollaran aún más sus ideas. Se inspiró mucho en algunas enseñanzas hindúes e incluso trabajó mucho con los hindúes. Incluso ahora, la gente utiliza algunas ideas que dio en sus enseñanzas, como el concepto de vibración.

También destaca Wallace D. Wattles, que escribió el clásico *La ciencia de hacerse rico*, publicado en 1910. Incluso hoy en día, la gente sigue leyendo su obra, en la que dejaba claro que las personas tienen que centrarse en crecer y desarrollar su potencial de manifestación en lugar de esperar a que los expertos en la materia les den de comer.

Napoleón Hill dio el tesoro que es *Piense y hágase rico* en 1937. La diferencia entre Hill y los demás es que él no tenía influencias religiosas. Por él ahora se sabe que cuando se permite tener pensamientos negativos, solo se crean razones para seguir pensando de esa manera. Era un gran defensor de descubrir su pasión y seguirla.

En los años ochenta, Esther y Jerry Hicks dieron las enseñanzas de Abraham, que tomaron de la ley de la atracción e hicieron el concepto increíblemente simple de usar para todos. Hicieron el proceso fácil y claro e incluso proporcionaron ejercicios que puede hacer para crear la vida que desea después de que Abraham llegó a Rhonda Byrne con su libro (y película) titulado *El Secreto*, que puso la ley de la atracción en el mapa. Tuvieron un gran éxito y difundieron la palabra a todos y cada uno acerca de cómo la ley de la atracción puede, en efecto, funcionar si se utiliza correctamente.

Las herramientas de la ley de la atracción

Usted quiere saber cómo hacer uso de esta ley, por lo que ahora aprenderá acerca de las herramientas que puede utilizar para hacer que sus deseos se hagan realidad.

Herramienta nº 1: Transmutación sexual — No puede negarse que hay algo poderoso en el deseo sexual. Durante el acto, se tiene una visión única. Es casi como meditar. Visto hasta el final, puede llevar a la creación de la vida misma. En otras palabras, su energía sexual crea vida, y usted puede utilizar esta misma energía para manifestar las grandes cosas que desea.

Su impulso sexual está gobernado por el chakra sacro, que también se llama el centro sexual, donde se almacena toda la energía sexual. En Qigong, se conoce como el dan tien. Cuando se tiene sexo, la energía sale y forma una vida humana. Sí, esto ya se ha mencionado, pero vale la pena repetirlo. Deténgase y piense en el tipo de energía que se requiere para formar otro ser humano. ¿No le resulta un milagro? Esto debería hacer que se pregunte si hay otras cosas que puede crear con su energía sexual.

Cuando transfiere esa energía hacia sus deseos, estos no tienen otra posibilidad que la de hacerse realidad. Napoleón Hill descubrió algo sobre las personas que tienen éxito en la vida: Tienden a tener un deseo sexual insaciable. Claro, hay quienes tienen mucha lujuria y no tienen nada en sus cuentas bancarias. Eso es muy probablemente porque no están canalizando su energía sexual hacia su manifestación. Las personas exitosas saben cómo utilizar la energía para crear sus deseos.

Puede mover esa energía hacia arriba a través de su chakra sacro y hasta su glándula pineal o chakra del tercer ojo, abriendo ese chakra mejor y más rápido que otras técnicas para abrir el tercer ojo. La energía sexual es muy alta y muy intensa, lo que la hace perfecta para la manifestarse utilizando la ley de la atracción. Se dará cuenta de que los deportistas tienen periodos en los que no tienen sexo. Hay muchas anécdotas sobre cómo los atletas que tienen sexo disminuyen su rendimiento en su deporte. Simplemente debe utilizar la energía de la manera correcta.

Así es como funciona:

1. Bloquee su chakra raíz apretando los músculos pélvicos, al igual que lo haría si tratara de no tener un accidente antes de ir al baño. Entonces, bloquee su raíz y luego inhale.

2. Mientras inhala, la energía no puede escapar de su chakra raíz y no tiene otro lugar al que ir que al chakra sacro.

3. Mientras exhala, apriete la zona de su chakra sacro formando un candado.

4. Inhale de nuevo, moviendo la energía hacia su chakra del plexo solar. Exhale formando una cerradura, apretando en esa zona.

5. Mueva esa energía hacia arriba a través del chakra del corazón, y el chakra de la garganta, hasta su glándula pineal. Esto activará su glándula pineal, y su tercer ojo se abrirá. Sabrá que está abierto porque empezará a ver colores.

6. En este punto, debe visualizar o imaginarse a sí mismo habiendo logrado sus deseos y sueños.

Esta es la forma más rápida de manifestar sus deseos; la energía que movió de abajo hacia arriba ahora será dirigida hacia lo que haya visualizado.

Herramienta nº 2: Gratitud — El simple hecho de practicar la gratitud por las cosas buenas de su vida hará que le lleguen aún más cosas buenas. Todo lo que tiene que hacer es conseguir un diario y tomarse un tiempo para escribir una lista de todo lo que aprecia en su vida, al principio y al final de su día. Solo tres o cinco cosas serán suficientes para cada ocasión.

Herramienta nº 3: Ruedas de enfoque — He aquí cómo utilizarlas:

1. Dibuje un círculo muy grande en una hoja de papel. Asegúrese de que es un círculo lo suficientemente grande como para tocar los bordes del papel.

2. Luego dibuje otro círculo más pequeño dentro de él, en el centro.

3. Distribuya el espacio entre ambos círculos en doce partes y mantenga vacío el círculo interior.

4. Establezca su intención, es decir, lo que quiera lograr utilizando esta rueda de enfoque.

5. En estos doce espacios, va a escribir una frase en cada uno de ellos que comience con la frase "yo amo". Cada frase debe ser sobre las partes de su vida que más ama.

6. Escriba todo esto con la energía del amor y la gratitud en su corazón, reflexionando realmente sobre lo que ama y agradece.

Su intención podría ser que su familia le apoye más o que le llegue más riqueza.

7. Si no encuentra nada por lo que esté verdaderamente agradecido, puede simplemente escribir cualquier frase que refleje la idea de lo que desea. Por ejemplo, si su intención es la abundancia, pero no tiene abundancia de nada en su vida, podría escribir sobre la abundancia de aire, hojas en un árbol, gotas de lluvia, etc.

8. Después de rellenar los doce segmentos, escriba su intención más alta y significativa en el círculo interior. Asegúrese de enmarcarla positivamente y en tiempo presente.

Herramienta nº 3: Visualización — Todo lo que debe hacer es cerrar los ojos e imaginarse a sí mismo logrando lo que se proponga. Digamos que quiere manifestar amor, puede imaginar que lo toman de la mano, que lo besan, que se duerme por la noche mientras lo abrazan, un anillo de bodas en su dedo, o cualquier otra cosa que implique que tiene su deseo.

Herramienta nº 4: Meditación — Al meditar, se entrenará para alinearse más vibratoriamente con todas las cosas buenas, incluyendo su deseo. Hágalo una práctica diaria, y usted comenzará a notar cómo rápidamente sus manifestaciones vienen a usted.

Herramienta nº 5: Afirmaciones — Con esta herramienta, solo tiene que expresar sus intenciones una y otra vez, redactándolas de forma positiva y en tiempo presente. No diga: "El amor está llegando a mí". Diga: "Estoy enamorado". No diga: "No quiero ser pobre" una y otra vez. En su lugar, diga: "Soy rico".

Herramienta nº 6: Entrenamiento de ondas cerebrales — Puede descargar los mp3 de entrenamiento de ondas cerebrales, como los ritmos binaurales o los tonos isocrónicos. Científicamente, le ayudan a manifestarse al equilibrar ambos hemisferios de su cerebro, ayudándole a concentrarse y a recibir lo que imagina o visualiza.

Herramienta nº 7: Tableros de visión — Necesitará un tablero para esto o alguna cartulina que pueda pegar a la pared. Recorte o imprima imágenes que representen sus deseos. Anote palabras que también le inspiren. Coloque ese tablero donde lo vea a primera hora de la mañana y a última hora de la noche.

Herramienta nº 8: Actúa "como si" — Esta es probablemente una de las formas más fáciles de conseguir su deseo. Debe actuar como si ya fuera un hecho. Esto no significa que vaya por ahí diciéndole a la gente que es rico, o que tiene un amante, o que está curado cuando pueden ver claramente que no lo está. Significa que debe hacer esas cosas que tendría que hacer si fuera rico, estuviera enamorado, estuviera sano o tuviera lo que quisiera. Ser rico significa que no tiene más remedio que aprender dónde colocar su dinero, para que rinda más, y cómo hacer que su dinero trabaje para usted, así como cómo ahorrar en impuestos. Estar enamorado significa que tiene que decidir qué tipo de vida tienen juntos y hacer un hueco en su vida para la otra persona. Como persona sana, dará pasos, que podrían convertirse en carreras. Elegirá el apio en lugar de las galletas. Así es como se actúa como sí.

Herramienta nº 9: Haga una lista de cosas positivas — Es casi como la lista de gratitud, excepto que, en este caso, puede seguir adelante y mencionar no solo las cosas que ya están funcionando, sino todo lo que está deseando. Lo que esto hace es conseguir un estado de ánimo con expectativas positivas. Cuando espera que le ocurra algo bueno, ¡lo bueno tiene que llegar! Así que, adelante, escriba todas las cosas que está deseando ser, hacer, tener y experimentar en su vida.

Herramienta nº 10: Establecer metas — La verdadera razón por la que el establecimiento de metas funciona, incluso para aquellos que no creen en la ley de la atracción, es porque ¡es la ley de la atracción trabajando! Cuando establece una meta, usted enfoca su intención y atención en experimentar una determinada manifestación, ya sea en su estado físico, en su carrera, en su riqueza, o en cualquier cosa que quiera mejorar. Así que pruebe a fijarse metas y vea lo bien que funciona. Debería escribirlo en algún lugar visible, donde lo vea todos los días. Cuando lo escriba, se centrará aún más en él y lo hará más concreto para usted. Además, debe establecer un marco temporal para ese objetivo. Por ejemplo, podrías escribir: "El año que viene por estas fechas habré ganado mi primer millón de dólares".

Herramienta nº 11: Grábese y escúchese a sí mismo — Existen aplicaciones como Think Up que le permiten grabar afirmaciones que puede escuchar ya sea mientras medita, trabaja o en forma de subliminal mientras pone su música favorita. Cuando escuche este mensaje repetidamente, encontrará que su vida cambia para reflejar la verdad del mensaje. Este es un mensaje muy poderoso. Trate de escucharlo todas las noches cuando tenga sueño también, y obtendrá resultados potentes.

Herramienta nº 12: Técnicas de liberación emocional — Esto también se llama TLE, o más comúnmente, tapping. Utilice el tapping para deshacerse de cualquier bloqueo en su energía y de cualquier creencia limitante a la que pueda aferrarse. Todo lo que tiene que hacer es dar golpecitos en los puntos de acupuntura de su cuerpo mientras expresa emociones positivas genuinas usando sus palabras. Hay mucho que cubrir sobre los puntos de acupresión, pero este tema está más allá del alcance de este libro. Sin embargo, vale la pena investigarlo.

Herramienta #13: Sea un faro de positividad — Todos los días y de todas las maneras, haga el propósito de hacer el bien, compartir el bien y sentirse bien. Haga que alguien se sienta bien hoy. Haga cumplidos que sean sinceros y ayude a alguien que nunca podría devolvérselo. Elija perdonar y dejar ir, en lugar de criticar o enfadarse. Elija encontrar lo bueno en todo en lugar de quejarse. Cuando sea muy activo en ser positivo con hechos, pensamientos y sentimientos, cuando haga que su deber sea ayudar a los demás a ver, aunque sea un poco que es bueno en la vida, no hablándoles de ello, sino siendo un ejemplo de esta idea, empezará a recibir más y más cosas buenas a su vez. Es solo la forma en que esto funciona.

Capítulo 9: Proyección astral o EFC

La proyección astral también se llama experiencia fuera del cuerpo o EFC porque eso es exactamente lo que es. Es cuando usted deja deliberadamente su cuerpo físico y traslada su conciencia al plano astral. No solo tiene un cuerpo físico; tiene un cuerpo astral, y muchos otros, como los cuerpos mentales y causales, pero esos están fuera del alcance de este capítulo.

La proyección astral es una práctica tan antigua como los seres humanos, y encontrará registros de ella en muchas culturas. Es gracias a la teosofía que el término "proyección astral" existe para empezar. Está estrechamente relacionada con los sueños, salvo que es mucho más estable e intensa. La buena noticia es que no hace falta ser un chamán para proyectar su conciencia al plano astral. Puede lograrlo mediante la meditación y métodos muy específicos.

El hermetismo, la teosofía, el neoplatonismo y el rosacrucismo ven la vida astral como un cuerpo que conecta su cuerpo mental con el físico, y el cuerpo astral como uno que reside en un mundo de luz entre la tierra y el cielo. Según estas escuelas de pensamiento, este mundo tiene demonios, ángeles y todo tipo de espíritus y seres astrales.

Su cuerpo astral está conectado a su cuerpo físico a través de un cordón de plata, según algunos pensamientos. Otros creen que esto es solo una metáfora. Dependiendo de la versión que acepte, puede o no ver un cordón de plata durante sus viajes astrales. Si usted es cristiano y se pregunta si debería intentar proyectarse, quizá le interese saber que Pablo escribió en 2 Corintios sobre "un hombre de Cristo que hace catorce años fue arrebatado al tercer cielo. Si fue estando en su cuerpo o fuera de él, no lo sé, solo Dios lo sabe". No parece condenarlo, así que debe tener mucho valor.

La proyección astral en las diferentes culturas

En el antiguo Egipto, se hablaba mucho del alma o ba, que flota solo fuera del cuerpo físico, lo que los egipcios llaman ka. En el taoísmo chino, existe Qingfu, que se quedó dormido, y cuando lo hizo, su "espíritu primordial" se dirigió a una sala de banquetes para dirigirse a algunas personas, que habían descubierto que mientras el Qingfu real dormía, también había otro allí mismo con ellos, con la misma ropa, con la misma cara.

En el hinduismo existen conceptos como el linga sarira, que se encuentra en el Yoga Vasishta Maha Ramayana de Valmiki. También está el caso de un milagro realizado por Swami Pranavananda en forma astral, como lo atestigua Paramahansa Yogananda. Según Meher Baba, un autoproclamado avatar, tiene que haber cierta preparación para el proceso de proyección. Hay que demostrar que se puede confiar en el uso del cuerpo astral de forma responsable, y después de eso, se puede viajar en el cuerpo astral dejando el físico mientras se duerme o incluso mientras se está despierto. Enseña que es muy importante que esté plenamente consciente cuando se proyecta, lo que significa que las proyecciones espontáneas que suceden por sí solas no cuentan. Debe utilizar su cuerpo conscientemente, ya que esto le ayuda a aprender cuán cierto es que usted no es solo carne. Piense en su cuerpo como un abrigo que puede quitarse y ponerse cuando quiera, salvo que cada vez que se lo quita y se lo pone, se vuelve más avanzado espiritualmente.

La mitología japonesa habla del ikisudama, que es el alma alejada del cuerpo. También existe la creencia de que, si alguien le hace algo malo, o no le gusta, o no lo soporta profundamente por alguna razón, su ikisudama puede dejar su cuerpo (en parte o totalmente), aparecer ante esta persona que no le gusta, y dañarla o maldecirla de alguna manera. Por eso la gente lleva brazaletes y amuletos para alejar el "mal de ojo", que es una mirada de odio que la gente envía hacia usted cuando no es consciente. También creen que su alma abandonará su cuerpo cuando esté en coma o enfermo.

Los inuit tienen quienes pueden viajar a lugares sin mover su cuerpo físico, y regresan para compartir lo que vieron e hicieron con el resto de la comunidad. Vuelven con información valiosa sobre cómo curar a los enfermos, mejorar en la caza, encontrar más presas, etc.

Los wai-wai del norte de Brasil y de la Guayana tienen el yaskomo, que puede emprender un "vuelo del alma" con diversos fines, como consultar a la divinidad, curar, conseguir nombres para los recién nacidos, etc.

¿Qué es el mundo astral?

En primer lugar, el mundo astral se compone de diferentes niveles. El nivel en el que aterrice depende de su estado de conciencia. Cada nivel tiene sus seres y formas que residen en él. El mundo astral se compone de emociones y pensamientos, creando diversas formas astrales o atrayéndolas. Una cosa que notará en el mundo astral es que sus pensamientos se convierten en cosas. Tener una proyección astral es realmente un curso intensivo de la ley de la atracción en ese sentido.

El mundo astral no es un lugar que se pueda clasificar en función de parámetros físicos como la temperatura, la prosperidad económica, la productividad o cualquier otra cosa por el estilo. Se trata de la conciencia y sus diferentes niveles. Hay tres niveles básicos por los que debe preocuparse:

- Los planos astrales inferiores
- Los planos del deseo
- El país del verano

Astral inferior. Esta zona no tiene mucha luz. Las almas que están sumidas en la desesperación y el desamparo suelen quedar atrapadas aquí. Puede ver algunas criaturas muy feas en este lugar, y puede que no tengan ningún sentido si intentan comunicarse con usted. Es como estar en una pesadilla, excepto que es mucho más intenso porque, como le dirá cualquier proyector astral experimentado, el mundo astral se siente aún más real que el físico, lo cual es ciertamente difícil de comprender para los inexpertos.

Si se encuentra en este plano, no se desespere. Si consigue calmarse, notará que, en medio de la oscuridad, la fealdad y el miedo, hay un guía o un ser cerca. Puede que usted no sea capaz de verlos, pero solo recordar esto puede ayudarle a sentir que están ahí y que usted está a salvo. Usted aprenderá que, a pesar de la fealdad de este lugar, debe mostrar amor a todos los seres allí, ya que solo a través del amor pueden ser liberados.

Le advertimos que, si se encuentra en este plano, es posible que no quiera volver a proyectarse astralmente. Así que no permita que eso le disuada. Hay mucho más que explorar. No morirá allí, y nunca podrá perderse en este plano. Esos seres que usted ve son simplemente almas perdidas y nada más. Muéstreles su amor para liberarlos, y al hacerlo, elevará su conciencia hacia arriba y fuera de ese nivel a otros más elevados.

Planos del deseo: El deseo es muy importante porque dicta hacia dónde debe proyectarse. El deseo es algo bueno que solo se vuelve malo cuando se permite ser esclavizado por él. Este es un nivel que refleja su vida cotidiana. Notará que su entorno es el mismo que si estuviera despierto dentro de su cuerpo físico. Sin embargo, hay una trampa: Puede atravesar las paredes, dejarse caer por el suelo o salir volando por el techo porque no hay materia sólida que le sirva de obstáculo.

Puede moverse a través de estas cosas como si fueran solo aire. Puede ver a la gente que le rodea haciendo lo suyo mientras se mueve, y no, no serán capaces de verle ni de responderle, a menos que sean especialmente sensibles a las auras y las energías. Sin embargo, los niños pueden ver a los proyectores astrales haciendo sus cosas porque todavía no tienen ninguna restricción en sus mentes sobre lo que es posible. Si tiene un perro, no se sorprenda si él también puede verlo.

El país del verano: Este es un término que los teósofos, espiritistas y wiccanos han adoptado para describir un lugar de descanso que se encuentra entre una vida y la siguiente. No hay ningún obstáculo con el que lidiar ni ningún juicio al que enfrentarse. Es solo como el Cielo; es el nivel más alto a nivel astral, donde puede reunirse con sus seres queridos que han fallecido antes que usted. Este es el nivel donde encontrará muchos maestros, guías y ángeles que trabajan para ayudarle a encontrar sus cimientos en ese plano.

Si llega al país del verano, el deseo de quedarse es intenso. Regresar al plano físico puede dejarle un sentimiento de nostalgia, de pérdida, o un anhelo de volver a "casa" porque se siente como lo que se supone que es la frase "volver a casa".

En el plano astral, encontrará cuidadores cuyo trabajo es ayudar a aquellos que están luchando porque están atascados en los planos inferiores o tienen un propósito que necesitan cumplir en la tierra. No se quedan por mucho tiempo como los guías; solo ayudarán por un corto plazo, completarán su misión y luego se irán.

Algunos guías le enseñan a ser más de lo que es. No puede confundir la vibración de amor que fluye de ellos y la sensación de que le conocen incluso más de lo que usted se conoce a sí mismo. Vienen del reino superior, de los planos mental y causal, y se ponen un cuerpo astral para poder relacionarse con los de ese plano. Si no lo hacen, su resplandor será demasiado para que los que están en el astral lo soporten. Ayudan a los de ese plano a prepararse para pasar al siguiente nivel, el plano mental.

También encontrará ocupantes que no son humanos. Entre ellos se encuentran diversas formas de pensamiento, que son atraídas por aquellos que son afines a ellas. También puede encontrar animales en el plano astral, aunque no permanecen demasiado tiempo. Por último, también encontrará algunos desechos, que son formas mentales que ya no son útiles y se están extinguiendo. Piense en ellos como caparazones de aquellas almas que han pasado al plano mental. A veces, una forma-pensamiento puede adoptar la cáscara para sus propósitos, pero esa cáscara ya no es viable después de un tiempo, ya que se rompe y se recicla.

Señales de que está a punto de realizar una proyección astral

Estas son algunas de las cosas que experimentará cuando esté a punto de abandonar su cuerpo. No son todas señales necesarias, pero tendrá algunas de ellas:

- Vibraciones en todo el cuerpo
- Un sonido de rugido o zumbido en su cabeza
- El sonido de voces cercanas, ya sea hablando o cantando
- Sentir los latidos del corazón acelerados
- Sentir que se le giran los ojos
- Oír sonidos de estallidos

- Oír explosiones

No es raro que al principio escuche algo, ya sea un zumbido, un murmullo, un rugido o un timbre. El sonido continúa y es muy hipnótico. Todo esto crea cierta presión en su cabeza, pero no deje que esto le asuste. Para que pueda proyectarse con éxito, debe relajarse.

También es posible que sienta cierta irritación en la piel o una sensación de pinchazos. Esto también es normal. Después de esto, notará que sus músculos están paralizados. Se trata de la catalepsis, en la que su cuerpo se queda quieto para evitar que sea sonámbulo o actúe en sus sueños.

Cuando llegue a ese punto, el sonido alcanzará niveles insoportables. Su corazón latirá rápidamente y su respiración cambiará. Entonces tendrá la idea de que hay dos de usted, lo que ocurre cuando su cuerpo astral está dejando el físico.

Cómo prepararse para la proyección astral

Tiene que sentirse seguro cuando viaja. Puede estar tentado a pasar por alto esto, pero no lo haga. Usted no viajaría a otro país sin su pasaporte y documentos, vacunas y seguro, ¿verdad? Lo mismo ocurre con el viaje astral. El plano astral, como la vida real, está compuesto por seres tanto benévolos como malévolos. Usted querrá estar seguro, ya que es un nuevo visitante. Tenga la seguridad de que sus guías están con usted, pero no confíe en ellos para que se encarguen de todo.

No consuma ninguna sustancia que le haga sentirse drogado o ebrio, ni tampoco alucinógenos. Tampoco mire nada que lo comprometa emocional o mentalmente antes de acostarse, especialmente cosas con horror o violencia. Si lo hace, no se sorprenda cuando atraiga el tipo de seres con los que optaría por cruzar al otro lado del camino astral para evitar. Asegúrese de estar emocionalmente feliz y en paz, ya que esto mejorará en gran medida la calidad de su experiencia. Los pensamientos son cosas, así que no importa lo que haga, deje todos los pensamientos y emociones negativas en la puerta.

Por último, no debe intentar proyectarse astralmente si no está estable emocional y mentalmente o tiene problemas de salud mental. No es que corra ningún peligro; es solo que no debe intentar proyectarse a menos que tenga a alguien a quien pueda recurrir y que sepa la diferencia entre una proyección y una psicosis. Es una situación triste que, en su mayoría, muchos científicos y médicos piensen que la proyección astral es una psicosis en acción.

Cómo proyectarse astralmente

Tenga en cuenta que se trata de una habilidad, y como todas las habilidades, la práctica hace la perfección. También será necesario tener paciencia. Si quiere aprender más sobre la proyección astral, debería consultar la obra de Robert Munroe "Exploraciones fuera del cuerpo". Aquí hay algunas reglas a seguir antes de empezar:

1. No lo deben molestar. Apague su teléfono y asegúrese de que no hay alarmas. Haga saber a su familia que no quiere que le molesten. Mantenga a sus mascotas alejadas, ya que querrán estar cerca de usted cuando esté realizando alguna actividad psíquica.

2. Póngase lo más cómodo posible en su cama.

3. Asegúrese de que su ropa sea muy cómoda y holgada.

4. Asegúrese de que la temperatura es la adecuada. No es conveniente que sienta demasiado calor ni demasiado frío, ya que de lo contrario se sentirá asfixiado o le costará concentrarse.

5. Acuéstese de forma que le permita proyectarse fácilmente. Es decir, de espaldas y con los brazos a los lados. Puede que se despierte con los brazos cruzados sobre el pecho. Esta es una posición normal que tiene por objeto protegerse.

6. Controle su respiración. Asegúrese de que sus respiraciones sean agradables, largas y fáciles. Tómese su tiempo para exhalar. Asegúrese de no hacer ningún esfuerzo ni tensión y de relajar su cuerpo con cada respiración, moviéndose desde los dedos de los pies hasta la cabeza, relajando los músculos de su cara, manteniendo la garganta relajada y la mandíbula. Lo mejor es que deje su boca ligeramente abierta.

Es normal que tenga que practicar todo esto varias veces antes de conseguir finalmente la relajación total sin perder la conciencia. Después de algún tiempo, notará un zumbido en su cabeza, que se hace más fuerte o más débil dependiendo de su conciencia. Solo tiene que hacer las paces con todos los sonidos y todo lo demás que ocurra. Deje que las sensaciones se apoderen de usted y continúe relajándose cada vez más, asegurándose de no excitarse, ya que esto puede sacarle de sus casillas. Su primer viaje será un poco duro, pero no pasa nada. Es la diferencia entre la primera vez que subió a un avión y la última vez que lo hizo.

Al cabo de un rato, el zumbido se estabilizará. El rugido se reduce a un ronroneo, como el de una moto. Si nota que el sonido se desvanece, regréselo porque, si no lo hace, acabará quedándose dormido y no recordará nada.

Una vez que el zumbido se haya igualado, es el momento de salir de su cuerpo. No lo haga difícil, porque no lo es. Ya pasará. Si se excita, cálmese. Si le da miedo, relájese y recuerde que está a salvo, y que siempre hay un guía con usted. No se preocupe por si se golpea la cabeza contra el techo o la pared, o por si vuelve a entrar en su cuerpo. Solo confíe en que está bien.

En su primer viaje, probablemente no podrá controlar a dónde va o con quién se encuentra. No deje que esto le moleste. Cuanto más practique, mejor lo hará. Cuanto más visite el plano astral, mejor será su capacidad para ir allí y moverse. Notará que puede volar, teletransportarse, ver cosas en 360 grados, y mucho más.

Cuando regrese de sus viajes, debe anotar todo lo que ha experimentado. Es una buena manera de asegurarse de no olvidar y refuerza la idea en su subconsciente de que la proyección astral importa y que recordar sus proyecciones importa, por lo que es más que probable que tenga éxito en ambas.

Capítulo 10: Hábitos del místico moderno

Ser un místico en el mundo actual es algo muy valiente, sobre todo porque la mayoría de la gente se apresura a descartar la realidad de las cosas más allá de lo físico. Si ha elegido este camino, merece ser aplaudido por aportar su granito de arena para elevar su conciencia del mundo. Todos disponen de toda la tecnología y los avances científicos, pero la mayoría de la gente es subdesarrollada, pobre y miserable en lo que respecta a las cuestiones místicas. Elegir el camino místico significa que está contribuyendo al mundo, marcando el comienzo de una era de iluminación espiritual.

Ahora bien, esto es lo que pasa con ser un místico: No tiene un día de descanso. Ahora es su vida. Debe estar dispuesto a hacer de ciertas prácticas un hábito porque es la única manera de seguir creciendo en el desarrollo psíquico y mantener su conexión con lo espiritual. Esto no es una moda, y no puede dejar de hacerlo como si fuera un videojuego. Por lo tanto, lo primero que tiene que hacer es pensar en cuál es su interés en los asuntos místicos, y luego debe comenzar a perseguirlo.

Hábitos de un místico moderno

• *Piense como un místico.* Lo que pasa con los místicos es que en todo el caos pueden encontrar orden y significado. Así que debe hacer lo mismo buscando evidencias de lo divino en el trabajo, sin importar lo que esté sucediendo. Como místico, comenzará a notar cada coincidencia, ya que no existen las coincidencias. Observe lo divino en todas las cosas. Sabe que hay un poder dentro de usted con el que puede conectarse para cambiar su mundo para mejor. Sea cual sea el sistema místico de creencias que haya elegido, explórelo y profundice en él para poder tener la mentalidad mística correcta.

• *Encuentre la conexión en todas las cosas de su vida.* El místico sabe que todas las cosas están relacionadas, que nada existe en una burbuja. Su trabajo consiste en encontrar siempre el hilo que une todas las cosas. No busca las diferencias entre las personas o las cosas, aunque no le gusten especialmente, sino que ve el denominador común que las une a todas. Esto también significa que no debe limitarse a las enseñanzas que pertenecen a su escuela de pensamiento místico, sino que debe buscar en otras disciplinas también, ya que encontrará pepitas de verdad que lo conectan todo y cuentan la misma historia. Busque ser una fuerza de unión, no de división.

• *Haga que la experiencia importe por encima de todo.* Que no sea una teoría. No hay que ser un místico solo de nombre, sino un místico en la práctica. No basta con leer sobre cosas. Póngalo todo en práctica para que tenga la experiencia de su lado. Es bonito oír o leer sobre las experiencias místicas de otras personas, pero es mucho mejor tener las propias, porque entonces sabrá que está en un camino verdadero, y su fe crecerá. Cuando su fe crezca, eso conducirá inevitablemente a más manifestaciones y a una actividad psíquica aún más fuerte y mejor de su parte. Desconfíe de aquellos que se centran más en las cosas materialistas. No hace falta tener caros estanques koi o mándalas para ser un verdadero místico.

- *Permanecer en el aquí, y en el ahora.* Como místico, debe estar conectado a la tierra y presente siempre. No debería distraerse fácilmente con su teléfono, el estrés del trabajo o su agitada agenda diaria. Lo que sea que esté haciendo ahora, concéntrese en eso y solo en eso. Si su intención es dormir, deje el teléfono y duerma. Si es escribir, entonces escriba, y no se distraiga. Si es comer, solo coma, y no vea un programa o lea algo mientras lo hace. Dedíquese por completo a lo que esté haciendo en ese momento.

Como es lógico, esto es muy difícil de conseguir al principio. En el mundo en el que vivimos hoy en día, todas las noticias, los anuncios, los dispositivos y las redes sociales están deliberadamente diseñados para que sean adictivos hasta el último detalle. Sin embargo, usted puede hacerlo. Lo único que tiene que hacer es empezar poco a poco. Practique no buscar su teléfono a primera hora de la mañana. Practique salir sin él. Practique solamente recurrir a él cuando tenga que hacer una llamada o enviar un mensaje importante.

- *Haga siempre preguntas.* No se trague solo todo lo que oiga y lea. Debe cuestionar la información que recibe y probarla por sí mismo para ver si es cierta o si funciona. Si desea estar cada vez más en contacto con lo místico, póngase cómodo haciendo preguntas incómodas. ¿Cuál es el sentido de su existencia? ¿Por qué está usted en este pequeño círculo azul? ¿Quién es usted, su verdadero yo? ¿Qué pasará cuando muera? ¿Qué opina de la muerte?

- *Confíe en su instinto.* Cuanto más lo haga, mejor sabrá leerlo, y nunca le llevará a equivocarse. Confiar en su instinto siempre le llevará a encontrar las respuestas que desea. Aprenda a confiar en su intuición y a seguir esos impulsos internos que siente. Decida hoy que se acabó el dudar de sí mismo y que siempre encontrará la verdad y lugares agradables cuando siga esa vocecita.

Cómo construir una base sólida

No puede limitarse a afirmar que es un místico y quedarse ahí. Necesita un trampolín para lanzar su práctica. Por ello, dedíquese a leer libros místicos y textos antiguos. Esta es la mejor manera de aprender lo que es vivir como un verdadero místico y crecer como tal. Cuanto más lea, más notará la conexión entre todas las enseñanzas, y se mezclarán perfectamente. He aquí algunos libros interesantes para empezar:

- *Las confesiones de San Agustín,* de San Agustín
- *Las historias de los sufíes* de Nasrudín
- *Introducción al budismo zen* de DT Suzuki
- *Ningún hombre es una isla* de Thomas Merton
- *La nube del desconocimiento* (autor anónimo)
- *Revelaciones del amor divino* de Julián de Norwich

A continuación, debe saber cuáles son las ideas centrales de su práctica mística. Debe conocer las directrices que regulan su práctica y por qué debe hacer las cosas como se hacen. Dependiendo de la religión o punto de vista con el que se alinee, sus rituales, cantos y otras cosas de esa naturaleza serán diferentes. Aprenda las pautas para descubrir lo que resuena con usted y lo que más le importa.

Por ejemplo, hay cristianos que son más de vivir como vivió Jesús, según el relato bíblico del sagrado salvador. Hay otros cristianos que se dedican más a ir por ahí y hablar a la gente de Jesucristo. Son formas diferentes de practicar el cristianismo, y ambos principios son igualmente importantes. Por lo tanto, aprenda los principios de su fe, y descubra lo que le resulta verdadero para que pueda practicar más sobre eso y obtener grandes resultados.

Su práctica espiritual debe ser lo primero antes que cualquier otra cosa. De nuevo, no existen días libres de ser un místico. Necesita hacer que su práctica sea lo más importante antes que su carrera, dinero, trabajo, pasatiempos o cualquier otra cosa. Esta es una tarea difícil, pero debe hacer todo lo posible para llevarla a cabo cada día. Esta es la razón por la que la mayoría de los místicos están solos. No es fácil ser un místico y salir de fiesta los viernes; no es que haya nada malo en salir de fiesta; es solo que puede resultar difícil compaginar la vida normal con la inmersión en lo místico. Debe comprometerse con ello.

Por último, siéntase en paz ante el misterio de la vida. Hay cosas que escapan a la comprensión y que solo son como son. Hágase un favor y aprenda a aceptarlo. En la meditación zen, debe abrazar los vacíos, bien en su habitación o en cualquier otro espacio en el que pueda sentarse a contemplar y aceptar tranquilamente que la vida es como es. Cuando elige confiar en su instinto, a veces tendrá más preguntas y ninguna respuesta a la vista. Puede elegir sentirse frustrado por eso, o puede sentir la libertad de reconocer que no sabe, que no tiene todas las respuestas a los mayores misterios de la vida, y eso está perfectamente bien.

La vía mística

Ser místico significa ser espiritual, reconocer y aceptar lo misterioso y lo que es de otro mundo. Significa que sabe que la ciencia es genial, y que es asombrosa, pero que hay cosas que la ciencia nunca podrá explicar del todo, pero que son verdaderas de todos modos.

Como místico, no es ajeno al mundo real. No se encuentra flotando en una tierra de fantasía; es plenamente consciente de la vida tal y como es, y no trata de afirmar que no es real. Entiende que es importante aceptarlo todo y que, a través de esta aceptación, puede tomar el curso de acción correcto.

Dicho esto, es consciente de que el mundo real no es solo físico, sino también espiritual. Sabe que existe un reino invisible y se deleita en él porque allí hay un poder que puede aprovechar para mejorar la vida de los que le rodean y dar sentido a su vida. Trabaja con energía mística y se guía por su intuición para elegir el curso de acción correcto en el mundo físico.

Tiene una profunda conexión con los aspectos físicos y no físicos de la realidad, y sabe cómo fundamentar su energía mística en la practicidad, ya que esto es mucho más poderoso que simplemente jugar en el reino espiritual simplemente. Sabe que su conocimiento de las verdades más profundas de la vida no le da licencia para hacer un mal uso de su conocimiento. Es consciente de que sus conocimientos más elevados no le eximen de la ley del karma y, teniendo esto en cuenta, se esfuerza por dar solo luz y amor a todos y cada uno.

Entiende la idea de Wu wei, que el flujo existente en toda la naturaleza. Todo tiene su estación y su tiempo, y sabe que no hay necesidad de forzar cuando simplemente confía en el universo y le permite hacer su parte después de que usted haya hecho la suya.

Cómo sumergirse en las aguas místicas

Si desea tener éxito, propóngase meditar u orar y contemplar las verdades místicas todos los días. Cuanto más medite, más profunda será su conciencia de lo místico y mejor será su don místico. Cuando se medita, no necesariamente se termina cada práctica con la sensación de que algo ha sucedido. Es importante tener esto en cuenta. Algunos días se sentirá increíble, y otros días no sentirá nada. En cualquier caso, lo único que importa es la disciplina y la constancia, que le darán resultados. No permita que un día de meditación omitida se convierta en tres o en una vida sin meditación. Establezca la norma de no saltarse nunca, más de un día.

También debe estar dispuesto y preparado para dejar de lado todas las creencias que no le sirven. Por eso debe estudiar todo lo que pueda, ya que cuanto más estudie, más claro tendrá que mirar dentro de su mente y ver qué es lo que le impide tener prácticas y experiencias aún más ricas de las que ya tiene. Hay un dicho zen que habla del zen como si fuera un barco. Cuando hay que cruzar un río, se utiliza. Sin embargo, cuando está en la otra orilla, no se lleva la barca porque ya no la necesita. Así que, si existen ciertas ideas o prácticas que ya no le sirven, hágase un favor y déjelas ir ahora mismo. No pasa nada por equivocarse. Acepte rápidamente que no sabía nada mejor. Acepte el hecho de que no siempre tendrá razón y que siempre habrá mucho más que aprender. Muchos místicos empezaron muy bien, solo para perder su luz porque se negaron a aceptar que su camino no era el mejor, y se negaron a evolucionar más allá de lo que creían antes. No permita que el orgullo descarrile su vida mística. Simplemente no vale la pena.

Conclusión

Enhorabuena por haber llegado hasta aquí. Esto es un comienzo, pero hay mucho más que experimentar a lo largo de su viaje. Sin embargo, esto es lo más importante: Debe poner en práctica lo que ha aprendido. Si desea experimentar la maravilla de la sincronización, conocer su interior, sentir el equilibrio en su cuerpo y demostrar sus habilidades psíquicas, debe comenzar su práctica de inmediato.

Hay una trampa en la que cae la mayoría de la gente cuando lee libros sobre temas como este: Se convierten en expertos en la materia. Pueden decirle lo que es el anahata, pueden decirle exactamente cómo soñar lúcidamente o salir de su cuerpo, pero no tienen ninguna experiencia. O tienen esa única experiencia, de esa única vez, y nada más porque no han seguido desarrollándose. Este no es el camino hacia la grandeza.

En verdad, toda la vida sería mucho mejor si todo el mundo fuera místico, no solo los místicos normales, sino los verdaderos que han dominado el arte de conectarse con la energía divina del amor y usarla para erradicar el sufrimiento en cualquier práctica que resulte más natural.

Al practicar, prepárese para experimentar una vida llena de divinidad y un inquieto deseo de permanecer conectado con lo espiritual. Esto es algo bueno, si recuerda que las cosas físicas (como el cuidado de su cuerpo, la gestión de las facturas, etc.) también importan. Experimentará momentos en los que estará solo y se sentirá como el más raro y momentos en los que se unirá intensamente a los demás, especialmente a los que tienen una mentalidad similar. Acéptelo todo. La soledad es tan buena como la compañía, siempre.

Su vida tendrá una mezcla única de lo bendito y lo banal, lo sagrado y lo profano. Eso está bien. Su trabajo es encontrar una manera de casar las dos cosas para que otros puedan ver su luz y gravitar hacia ella, y ellos también puedan encontrar su conexión con la fuente, al igual que usted.

No culmine su estudio con este libro. Invierta su tiempo en la búsqueda del conocimiento. Tampoco se limite a una sola escuela de pensamiento. Aprenda todo lo que pueda, desde los budistas, los hindúes y los sufíes, hasta los cristianos, los masones, los hiperianos y, sí, incluso los Illuminati. Sobre este último grupo, se sorprenderá al descubrir que mucho de lo que sabe sobre los Illuminati es falso y no es más que mentira y propaganda. Puede que se sorprenda a sí mismo con las profundas verdades que aprenderá.

En todo su aprendizaje, recuerde hacer preguntas. Cuando reciba respuestas, no solo las acepte. Póngalas a prueba usted mismo. Así es como se crece y se aprende lo que funciona y lo que no. Nadie ha venido aquí a repetirse como un loro. Cada uno tiene un camino único. Puede que empiecen siguiendo la misma ruta principal, pero al final, todos deben bifurcarse para perseguir la verdad de la vida y el espíritu a su manera. Es necesario desarrollar el espíritu de aventura y exploración de un místico.

Vea más libros escritos por Mari Silva

Referencias

BBC. "Un vistazo al espiritismo". de septiembre de 2009. https://www.bbc.co.uk/religion/religions/spiritualism/ataglance/glance.shtml

Cameron, Yogi. "Guía para principiantes de los 7 chakras". Mindbodygreen. 23 de abril de 2019. https://www.mindbodygreen.com/0-91/The-7-Chakras-for-Beginners.html

Dale, Cyndi. "Anatomía energética: Una guía completa de los campos energéticos humanos y los cuerpos etéricos". Revista de estilo de vida consciente. 11 de octubre de 2016. https://www.consciouslifestylemag.com/human-energy-field-aura/

Enciclopedia Británica. "Técnicas para inducir experiencias místicas". Consultado: https://www.britannica.com/topic/mysticism/Techniques-for-inducing-mystical-experiences

E.O.C.T.O. "Misticismo de la Antigua Grecia | Orden Celestial y Templo del Olimpo". Consultado: http://www.eocto.org/article/103

Faragher Kelly, Aliza. "¿Eres psíquico? Cómo aprovechar sus propias habilidades psíquicas". Allure. 2 de julio de 2018.

https://www.allure.com/story/am-i-psychic-how-to-tap-into-psychic-abilities

Hinduwebsite.com. "Hinduismo místico esotérico". Consultado: https://www.hinduwebsite.com/esoterichinduism.asp

Horvath, Timmie. "Ser un místico cotidiano en un mundo moderno (Manifiesto de un místico)". La escuela de bienestar sagrado de las artes curativas. 27 de julio de 2018.

https://www.sacredwellness.co/being-an-everyday-mystic-in-a-modern-world-a-mystics-manifesto/

Hurst, Katherine. "Historia de la ley de la atracción: Los orígenes de la ley de la atracción al descubierto". La ley de la atracción. 5 de junio de 2019.

https://www.thelawofattraction.com/history-law-attraction-uncovered/

Fandom. "Wikia mística". Consultado: https://mystic.fandom.com

Frantzis, Bruce. "La respiración taoísta". Artes de la energía. 26 de abril de 2014.

https://www.energyarts.com/taoist-breathing/

Jessica. "Tercer ojo: 6 ejercicios fáciles para abrir ese bebé". Blog de las almas intuitivas. 7 de noviembre de 2016.

https://intuitivesoulsblog.com/third-eye/

Kahn, Nina, and Neal, Brandi. "Lo que debe saber sobre las experiencias extracorporales reales". Bustle. 9 de octubre de 2020.

https://www.bustle.com/life/what-is-astral-projection-heres-what-to-know-about-literal-out-of-body-experiences-12253529

Kaivalya, Alanna. "La vida en equilibrio 101: Guía de un místico moderno para mantener la calma y seguir adelante". Alanna Kaivalya, Ph.D. 30 de junio de 2017.

https://alannak.com/spirituality/life-in-balance-101-a-modern-mystics-guide-to-keeping-calm-and-carrying-on/

Lee, Ilchi. "¿Sabía usted que puede sentir la energía? Aquí se explica cómo". Modifique su energía. 31 de octubre de 2013. https://www.changeyourenergy.com/blog/712/did-you-know-you-can-sense-energy-heres-how

Marc. "El Tao Te Ching". El camino místico. 22 de septiembre de 2017. https://contemplatingtruth.wordpress.com/2017/09/22/the-tao-te-ching/

McKinnley, Trish. "¿Qué es una bola de energía y cómo puedo crear una?". 30 de octubre de 2019. https://www.trishmckinnley.com/how-to-create-an-energy-ball/

Mindbliss. "Cuál es la función de la glándula pineal y cómo amplificarla". 4 de junio de 2018. https://mindbliss.com/pineal-gland-function-and-activation/

Comunidad de la maternidad. "Así enseñó el budismo la meditación de la respiración". 8 de mayo de 2020. https://www.calmwithyoga.com/buddhist-monks-taught-breathe/

Visualización mística. "La visualización creativa y la ley de la atracción". Consultado: http://mysticvisualization.com/the-law-of-attraction-and-creative-visualization/

Petroff, Elizabeth Alvilda. "Los místicos". Instituto de Historia Cristiana. Consultado: https://christianhistoryinstitute.org/magazine/article/women-in-medieval-church-mystics

Blog de Reportace. "Misticismo: El enfoque budista". 31 de diciembre de 2011. https://acestrada.wordpress.com/2011/12/31/mysticism-the-buddhist-approach

Shape. "6 razones por las que *piensas* que odias la meditación-y cómo solucionarlas". Consultado: https://www.shape.com/lifestyle/mind-and-body/beginners-guide-meditation

Share, Taylor. "Cómo empezar a meditar: La guía definitiva para la meditación para principiantes". Nerd Fitness. 31 de diciembre de 2019.

https://www.nerdfitness.com/blog/meditation-building-the-superpower-you-didnt-even-know-you-had/

Sol, Mateo. "Cómo inducir un estado de trance para un trabajo psicoespiritual profundo". LonerWolf. 22 de octubre de 2018.

https://lonerwolf.com/trance-state/

La ciencia sagrada. "Un ejercicio de respiración para llevarle más alto". 2 de marzo de 2016. https://www.thesacredscience.com/a-breathing-exercise-to-take-you-higher/